**Mike Sandbothe · Reyk Albrecht · Hubert Ostermaier**

# ACHTSAMKEITEN

## *Übungen für mich, für uns und für die Welt*

Mit einem Vorwort von Maria Kluge

Mitarbeit: Thomas Corrinth
Illustration: Julia Vanessa Maier
Kreative Leitung: Denisa Sandbothe

Mike Sandbothe, Reyk Albrecht, Hubert Ostermaier

# ACHTSAMKEITEN

***Übungen für mich, für uns und für die Welt***

Mit einem Vorwort von Maria Kluge

Mitarbeit: Thomas Corrinth
Illustrationen: Julia Vanessa Maier
Kreative Leitung: Denisa Sandbothe

***achtsamkeiten.com***

Projektleitung: Klaus Altepost
Layout und Satz: Kerstin Fiebig, ad department
Umschlagmotiv und -gestaltung: Julia Vanessa Maier
Autorenfotos: Nicole Nerger
Druck und Verarbeitung: PrintConsult GmbH, München

ISBN print: 978-3-95883-643-3 | ISBN eBook 978-3-95883-644-0

www.kamphausen.media

1. Auflage 2023

Bibliografische Information der Deutschen Nationalbibliothek: Die Deutsche Nationalbibliothek verzeichnet diese Publikation in der Deutschen Nationalbibliografie; detaillierte bibliografische Daten sind im Internet über https://www.dnb.de abrufbar. 

Die im Buch enthaltenen Übungen wurden von den Verfassern und vom Verlag sorgfältig erarbeitet und geprüft. Eine Garantie kann nicht übernommen werden. Weder die Autoren noch der Verlag übernehmen die Haftung für Schäden irgendeiner Art. Es handelt sich hierbei um Informationen, die nicht als Diagnose, Behandlung oder Ersatz für eine medizinische Betreuung gedacht sind. Leser:innen mit gesundheitlichen Problemen sollten einen Arzt  oder eine Ärztin zu Rate ziehen, um abzuklären, ob das hier dargestellte Übungsprogramm für sie in Frage kommt.

Wie hat Dir das Buch gefallen?
Teile gerne Deine Meinung mit uns!

https://www.kamphausen.media/achtsamkeiten-uebungen-fuer-mich-fuer-uns-und-fuer-die-welt/t-9783958836433

Mike Sandbothe
Reyk Albrecht
Hubert Ostermaier
Maria Kluge
Thomas Corrinth
ACHTSAMKEITEN
Übungen für mich, für uns
und für die Welt
fischer & gann

*»Das habe ich noch nie vorher versucht, deshalb bin ich völlig sicher, dass ich es schaffe.«*

PIPPI LANGSTRUMPF

# VORWORT

*»Zweifle nie daran, dass eine kleine Gruppe nachdenklicher, engagierter Menschen die Welt verändern kann; tatsächlich ist es die einzige Art und Weise, in der die Welt jemals verändert wurde.«* Margaret Mead

Dieses wunderbare Zitat der berühmten Anthropologin Margaret Mead motiviert und begleitet mich schon seit vielen Jahren auf meinem persönlichen Lebensweg. Es ist ein Weg des begeisterten und neugierigen Forschens und ständigen Entdeckens zu der Frage: Wie können Menschen ganzheitlich betrachtet ein gesundes, glückliches und erfüllendes Leben führen? Antworten gibt mir darauf, zusammen mit der Körpertherapie, vor allem die Achtsamkeitspraxis.

Als ich vor rund 30 Jahren meine Ausbildung zur »Mindfulness-Based Stress Reduction (MBSR)«-Lehrerin bei meinem geschätzten Freund Jon Kabat-Zinn in den USA absolvierte und das Mindfulness Center an der University of Virginia mit aufbaute, war Achtsamkeitspraxis noch ein sehr kleines Pflänzchen in der westlichen Welt. Eine vollkommen andere Welt als heute, in der wir ganz selbstverständlich Meditations-Apps nutzen oder zum Yoga-Kurs gehen.

Dementsprechend viel Widerstand und Skepsis habe ich erlebt auf meinem langjährigen Weg, Achtsamkeitspraxis in die Welt zu bringen. Ich durfte aber ebenso in ganz unterschiedlichen Settings erfahren, welches Geschenk Achtsamkeitsübungen für Menschen sein können, wie sie sich von ihrer Wirkung auch überraschen lassen und ihre Potenziale spüren können – zum Beispiel durch meine Arbeit im Gesundheitswesen, bei der Rehabilitation von straffällig gewordenen Jugendlichen und Erwachsenen oder im Bildungsbereich. Diese große Kraft hat mich nachhaltig beeindruckt und bestärkt, diesen Weg immer weiterzugehen, trotz Widerstand.

Auf dem langen Weg des Wandels bis heute, wo Achtsamkeitspraxis in der Mitte der Gesellschaft angekommen ist, habe ich viele Mitwandernde aus den unterschiedlichsten Lebenswelten kennen und schätzen gelernt. Jede und jeder dieser Mitwandernden trägt auf die eigene, persönliche Art und Weise dazu bei, Achtsamkeit in den Alltag von Menschen zu bringen.

Dabei durfte ich zahlreiche vorbildliche und pionierhafte Achtsamkeitsprojekte mit unterstützen: zum Beispiel den Dalai Lama beim Bauen von Schulen in Indien, den Psychologen und Hirnforscher Richard Davidson bei seinen Forschungen über einen gesunden und freundlichen Geist, die Aufmerksamkeitspsychologin Amishi Jha bei ihren neurowissenschaftlichen Studien über Aufmerksamkeitstrainings beim Militär oder aktuell die soziale Neurowissenschaftlerin Tania Singer bei der Verbreitung des von ihr entwickelten dialogischen Meditationstrainings.
Es passiert also schon sehr viel, um Achtsamkeitspraxis in die Lebenswelten von Menschen zu bringen. Ich glaube, da geht aber noch viel mehr – und ich glaube, dass das auch wichtig ist.

Das, was meine lieben Freunde und Weggefährten Mike, Reyk und Hubert in den letzten Jahren, Schritt für Schritt, in Kursformaten entwickelt haben und auf den folgenden Seiten in spannender Form mithilfe der journalistischen Expertise von Thomas, des Illustrationstalents von Julia sowie des kreativen Gespürs von Denisa vermitteln, ist in meinen Augen etwas Neues und Mutiges. Etwas, das ich von Herzen unterstützen und miterleben möchte.

Mit diesem Buch haben sie es geschafft, ganz verschiedene Sorten von Achtsamkeitsübungen auf natürliche Art und Weise zusammenzubringen und systematisch miteinander zu kombinieren. Übungen, die Neugier, Mitgefühl und Mut stärken. Übungen, die einen offenen Geist, ein offenes Herz und Handlungskraft fördern und miteinander verbinden. Die Übungen sind innovativ und im Alltag leicht umsetzbar, logisch aufeinander aufgebaut und zugänglich für jeden Menschen.

Für mich sind Mike, Reyk und Hubert wie drei mutige Musketiere, die mit diesem Buch voranschreiten. Sie legen Scheuklappen ab und holen Mitreisende und Mitstreiter:innen ins Boot, integrieren und verbinden vielfältige Erfahrungen und wissenschaftliche Erkenntnisse. Mit einem gemeinsamen, wunderbaren Ziel: Achtsamkeitspraxis für jeden Menschen zugänglich zu machen!

Dabei sprechen sie aus ihrer eigenen, großen Erfahrung mit all diesen Übungen, als Wissenschaftler und Lehrende, aber auch als Menschen. Und darum geht es doch letztendlich: ums Menschsein! Denn viel zu oft nehmen wir im Alltag unsere Mitmenschen vor allem in ihren Rollen wahr: als Lehrende, als Studierende, als Mütter, als Kinder, als Chefin, als Kollegen. Das Üben von Achtsamkeit hilft uns, auch den Menschen wieder stärker in den Blick zu nehmen. Je mehr uns das gelingt, umso tiefer und erfüllender kann auch unser Miteinander sein.

Als Pioniere haben die Autoren dieses Buches neben viel Akzeptanz und Zuspruch auch Widerstand und Skepsis erfahren. Kein Wunder: Wer Achtsamkeitspraxis zu einem festen Bestandteil der Menschenbildung machen möchte, stößt auf jahrzehntealte, festgefahrene Strukturen und Meinungen und kämpft gegen alte Normen an. Mike, Reyk und Hubert haben sich davon aber nicht beirren lassen.

Um mit einer Metapher zu sprechen: Sie haben ihr Baby, ihre Trainingsprogramme, hochgehalten und mehrere Jahre durch einen strömenden Fluss des Lebens getragen. Einen strömenden Fluss, der sie immer wieder herausforderte, der sie aber auch formte und

weiterbrachte. Kontinuierlich haben sie ihre Achtsamkeiten auf den Prüfstand gestellt, wissenschaftlich evaluiert, mit ihren Kursteilnehmer:innen diskutiert und weiterentwickelt, Mitwandernde auf dem Weg getroffen und sich inspirieren lassen. Dieses große Engagement für eine gute Sache verdient Respekt.

Nachdem die drei durch diesen widerständigen Fluss des Lebens gegangen sind, bauen sie nun auch Brücken, indem sie zusammenbringen, was bisher eher nebeneinander existierte: individuelle, soziale und ökosystemische Achtsamkeitsübungen.

Die 8 individuellen Achtsamkeitsübungen in diesem Buch sind nach innen, auf den eigenen Körper und das eigene Mindset gerichtet. Die 2 sozialen Achtsamkeitsübungen geschehen in der Interaktion mit anderen Menschen. Und durch die 2 ökosystemischen Achtsamkeitsübungen werden unsere Verbindung zum Planeten Erde spürbar und Potenziale sichtbar gemacht. Mike, Reyk und Hubert bauen in diesem Buch Brücken zwischen Wahrnehmen, Denken, Fühlen und Handeln. Und letztendlich zwischen Menschen, Lebewesen und Natur.

Jede Leserin und jeder Leser kann sich die passenden Tools, die passenden Schlüssel für die eigene Lebenssituation heraussuchen und da ansetzen, wo er oder sie gerade steht. Es gibt keine starren Regeln, es gibt nur freundliche Einladungen zum Mitmachen, auch im Austausch mit anderen und der Natur. Ich finde, das erlaubt eine enorme Freiheit und bietet einen großen Möglichkeitsraum, um sich selbst und die Welt noch besser kennen zu lernen, seine Potenziale zu erspüren und neue Ideen entstehen zu lassen.

Vor allem in der Zusammenarbeit für dieses Buch fühle ich mich wieder zutiefst bestätigt in Margaret Meads Zitat vom Anfang. Eine kleine Gruppe engagierter Menschen kann bereits eine Menge in Bewegung setzen auf einem gemeinsamen Weg. Ich hoffe und ich bin zuversichtlich, dass noch viele weitere Mitwandernde dazukommen und sich gemeinsam und unterstützend der Herausforderung »Leben«, egal wie sie aussieht, stellen. Jede und jeder in seinem eigenen möglichen Rahmen und im eigenen Tempo im Hier und Jetzt. Um Schritt für Schritt, mit Herz, Verstand und Mut in eine lebenswerte Zukunft zu gehen und den Wandel willkommen zu heißen.

Dieses Buch zu lesen und die Übungen zu praktizieren ist ein schöner Anfang dafür.

*Maria*

# EINLEITUNG

## *Ein Schlüsselbund der Achtsamkeiten*

Stell Dir vor, Du hättest einen Schlüsselbund, dessen Schlüssel Dir einen neuen Zugang verschaffen zu den wichtigsten Verbindungen in Deinem Leben: der Verbindung zu Dir selbst, der Verbindung zu Deinen Mitmenschen und der Verbindung zu Deiner Umwelt. Stell Dir vor, Du könntest Dich mit diesem persönlichen Schlüsselbund wieder mehr öffnen in einer Zeit, in der es immer schwerer fällt, diese Verbindungen zu haben und zu halten. Du könntest Deinem Leben dadurch in allen Bereichen eine neue Qualität geben – in der Art und Weise, wie Du mit Dir selbst umgehst, wie Du mit anderen Menschen und Lebewesen umgehst und wie Du den krisengebeutelten Planeten, auf dem Du lebst, behandelst.

Diesen Schlüsselbund gibt es. Er besteht aus unterschiedlichen Sorten von wirksamen Übungen, die Du erlernen, regelmäßig nutzen und in Dein Leben integrieren kannst – als Türöffner zu verschiedenen, miteinander verbundenen Erfahrungsräumen. Sie beziehen Dich, Deine Freunde, Deine Familie und Deine Umwelt auf vielfältige Art und Weise ein: Ihr liegt, Ihr sitzt, Ihr steht, Ihr geht, Ihr tanzt und spürt Resonanz, Ihr sprecht, Ihr hört zu und gebt Feedback, Ihr bastelt und spielt Theater.

Dabei wird nicht nur eine Achtsamkeit, sondern es werden drei Achtsamkeiten trainiert: individuelle, soziale und ökosystemische. Sie alle schulen Deine Präsenz, und zwar in verschiedenen Erfahrungsräumen. Du trainierst Deine Fähigkeit, bewusst im Hier und Jetzt zu sein, nicht nur im Geist meditierend auf dem Sitzkissen oder der Yogamatte. Sondern auch im Dialog, in der Gruppe und im unmittelbaren Kontakt mit der Welt. Manche Übungen beziehen interaktiv einen Trainingspartner bzw. eine Trainingspartnerin oder eine Trainingsgruppe ein. Eine Übung lässt Dich mit allen Sinnen Deine Umwelt erforschen und in einer weiteren stellt Ihr Euch als Gruppe im Raum auf, um Eure Zukunftspotenziale als Gemeinschaft auf dem Planeten Erde zu erspüren und theatral oder tänzerisch darzustellen.

Das Zusammenspiel von individuellen, sozialen und ökosystemischen Achtsamkeiten ist hilfreich, um mit den Herausforderungen in unserer von Krisen geprägten Zeit umzugehen. Krisen, die ihren Ursprung haben in der gestörten Verbindung zu den eigenen Wünschen und Potenzialen, zu anderen Menschen oder zu dem zerbrechlichen Planeten, auf dem wir leben.

Die Reihenfolge der Schlüssel, die sich an diesem einzigartigen, wissenschaftlich erprobten Schlüsselbund der Achtsamkeiten befinden, folgt einer inneren Logik. Du öffnest Deinen persönlichen Erfahrungsraum und weitest ihn aus – auf den sozialen Erfahrungsraum und das Ökosystem um Dich herum. Auf diesem Weg kannst Du auch entdecken, wie diese Räume miteinander verbunden sind.

Zunächst lernst Du individuelle Übungen kennen, die Du zum Beispiel auf dem Sitzkissen oder auf der Yogamatte praktizieren kannst. Dabei lernst Du im Liegen, Sitzen, Gehen, Bewegen oder auch beim Schreiben Deine eigenen

Gefühle, Gedanken, Wahrnehmungen und Körperempfindungen bewusst und ohne allzu viele Interpretationen und Bewertungen wahrzunehmen.

Diese Basis nimmst Du mit in die zweite Übungsserie, den sozialen Schlüssel. Bei der Dyade, einer Gesprächsmeditation zu zweit, erweiterst Du Dein Achtsamkeitssensorium um die Dimension des oder der anderen. Du beobachtest nicht nur Dich selbst ohne vorschnelle Bewertung, sondern Du hörst auch Deinem Trainingspartner bzw. Deiner Trainingspartnerin unvoreingenommen zu. Ihr lernt dadurch, eine wohlwollende Form der Aufmerksamkeit gleichzeitig auf Euch, auf den Gesprächsinhalt und auf Euer Gegenüber zu richten. Das trainiert Geduld, Klarheit sowie die Fähigkeit zum Perspektivenwechsel und kann zu neuen Ideen, Einsichten und einer Vertiefung Eurer Beziehung führen.

Wie sich nicht nur eine andere Person, sondern auch eine kleine Gruppe auf achtsame Weise scannen und hinsichtlich ihrer Willenskräfte und Zukunftsimpulse erspüren oder sogar bewegen lässt, bringen wir Dir mit dem Social Body Scan näher. Er schult die Trainierenden auf geistigen, emotionalen und körperlichen Ebenen des Wahrnehmens und Feedback-Gebens.

Auf der Ebene »Neugier« lernt Ihr im Social Body Scan, Neues, Überraschendes oder Irritierendes mit offenem Geist wahrzunehmen. Auf der Ebene »Mitgefühl« fühlt Ihr Euch in das Erleben der anderen Gruppenmitglieder ein, um ihnen danach mitzuteilen, welche Gefühle bei Euch angekommen sind. Dabei trainiert Ihr die Spiegelneuronen und die Nervengeflechte in Eurer Herz- und Bauchregion, die wie ein Sensorium Gefühle des Gegenübers empfangen und somit zu einem tieferen Verständnis und zu mehr Verbundenheit führen können. Auf der Ebene »Handlungskraft« spürt Ihr Euch mit dem ganzen Körper in das Gesagte und in die Gruppenstimmung hinein, um später die dabei entdeckten Zukunftsimpulse zum Ausdruck kommen zu lassen. Das kann auch nonverbal geschehen – in Form einer unerwarteten Bewegung, die mehr sagt als tausend Worte.

Nach diesen sozialen Erfahrungen laden wir Dich in den ökosystemischen Erfahrungsraum ein. Ein zentraler Schlüssel zur Öffnung dieses Raumes ist der Eco Body Scan. Ihn zeigen wir Dir in zwei Varianten.

*Variante 1* kannst Du allein durchführen. Dabei machst Du Deine aktuelle Lebenssituation sichtbar, und zwar mithilfe von einfachen Materialien wie Papier, Knete, Kieselsteinen oder Wollfäden. Auch den Planeten Erde wirst Du symbolisch mit aufstellen, um Deiner (vielleicht verdrängten) Verbindung zu ihm und damit Deinem ökologischen Bewusstsein bzw. Unterbewusstsein mehr Aufmerksamkeit zu schenken. So gestaltest Du in einem kreativen Prozess des Innehaltens und Entstehen-Lassens eine persönliche Skulptur, die Dich dabei unterstützt, eine komplexe oder unklare Lebenssituation besser zu durchschauen – und vielleicht als Hilfe für wichtige Entscheidungen dient.

*Variante 2* des Eco Body Scans ist wie ein kleines Theaterstück, das Du gemeinsam mit Freund:innen auf einer Party, mit Familienmitgliedern im Wohnzimmer oder mit Arbeitskolleg:innen im Büro durchführen kannst. Dabei setzt Ihr Euer soziales Feld nicht nur in einem symbolischen Sinn in Bewegung. Gemeinsam erspürt Ihr und drückt mit Euren eigenen Körpern im Raum aus, wie sich eine konkrete Lebenssituation oder Euer übliches Beziehungsmuster bzw. Ökosystem im gegenwärtigen Zustand anfühlt und wie es sich weiterentwickeln kann – ohne dass Ihr vorher das Resultat kennt. Ihr baut sozusagen die Skulpturen mit Euren eigenen Körpern.

Als Wissenschaftler haben wir diese vielfältigen, eng miteinander verbundenen und aufeinander aufbauenden Dimensionen von Achtsamkeitspraxis mit mehreren Tausend Menschen erprobt und ständig weiterentwickelt. Dabei haben uns international renommierte Weggefährt:innen inspiriert und unterstützt. Welche Erfahrungen Teilnehmende unserer Achtsamkeitskurse, aber auch wir selbst als Familienväter, Freunde, Hochschullehrer und Weltbürger mit dem Schlüsselbund der Achtsamkeiten gemacht haben, werden wir im Laufe des Buches mit Dir teilen.

Du wirst erleben, wie die unterschiedlichen Schlüssel in einer Vielfalt von Wirkungsdimensionen zusammenspielen und Dich und Dein Umfeld auf eine spannende Entdeckungsreise in miteinander verbundene Erfahrungsräume führen können. Buchbegleitende Audio-Dateien helfen Dir beim Praktizieren der Übungen (siehe Seite 27). Wir unterstützen Dich auch dabei, Deinen persönlichen Achtsamkeitsstil zu entwickeln und die Übungen regelmäßig in Dein Leben zu integrieren. Darüber hinaus erfährst Du, was die wissenschaftliche Achtsamkeitsforschung zur Wirkung sagt.

Aber wie kamen wir überhaupt auf die Idee, gemeinsam diesen Bund der Achtsamkeiten zu gestalten? Und wer sind eigentlich »wir«, die Dich zu dieser Reise einladen?

## *Drei Menschen – drei Bildungspioniere*

Mike war fasziniert von der Wirkung einer praktischen Bewegungsübung. Reyk erlebte, wie das familiäre und das politische System um ihn herum in kürzester Zeit zusammenbrachen. Hubert suchte nach einem gesundheitlichen Rückschlag einen bewussteren Umgang mit den Anforderungen in seinem Leben.

Die Zugänge von uns dreien zur Achtsamkeitspraxis vor vielen Jahren und auch die darauffolgenden persönlichen Entdeckungsreisen sind sehr individuell. Einige dieser prägenden Geschichten wirst Du im Laufe des Buches kennenlernen. Was uns heute verbindet, ist eine einzigartige Kombination von mehrdimensionalen Achtsamkeitsübungen, die wir gemeinsam entwickelt haben. Wir bieten diese in Form von zielgruppenspezifischen Kursen für Privatpersonen, Schulen, Hochschulen, Unternehmen und andere Organisationen an.

Wie das so ist mit Interessen und Vorlieben, unterscheiden sich diese bei uns auch in puncto Achtsamkeitsübungen. Reyk hat ein besonderes Faible für individuelle Übungen wie das achtsame Sitzen oder das achtsame Gehen. Das sind Übungen, die Du auch allein, nach innen auf den eigenen Körper und das eigene Mindset gerichtet, durchführen kannst. Hubert haben es nicht nur die achtsamen Bewegungsübungen, sondern auch die sozialen Übungen angetan, vor allem das achtsame Sprechen und Zuhören – dafür benötigst Du einen Trainingspartner oder eine Trainingspartnerin. Und Mike ist begeistert von der ökologischen Transformationskraft der achtsamen Gruppenübungen, die Du mit Freund:innen, Familienmitgliedern oder Kolleg:innen erleben kannst und bei denen auch der Planet Erde eine Rolle spielt – in der Wissenschaft werden diese Übungen als ökosystemische Achtsamkeitspraxis bezeichnet.

Die unterschiedlichen persönlichen Erfahrungen, Expertisen und Vorlieben für bestimmte Übungen und Übungssorten haben uns bei der gemeinsamen Kursentwicklung zu diesem Schlüsselbund der Achtsamkeiten geführt. Jeder Schlüssel steht für eine Übungssorte und jede Sorte macht Dir andere Schlüsselkompetenzen und Erfahrungsräume zugänglich. Im Verbund entfalten sie eine besondere Wirkungskraft.

Diese Kraft ist uns erst richtig bewusst geworden durch unsere persönlichen Herausforderungen während der Corona-Pandemie. Da wir aufgrund der Kontaktbeschränkungen unsere Achtsamkeitskurse vorübergehend nicht mehr in Präsenz durchführen konnten, begannen wir in kürzester Zeit umzudenken. Wie lassen sich mehrdimensionale Achtsamkeitsübungen, die in den Präsenz-Kursen vom Hier und Jetzt sowie von geteilten Erfahrungen in einem gemeinsamen Raum leben, als Online-Kurse live durchführen? Wir wussten nicht genau, was dabei herauskommen würde. Wir haben es einfach ausprobiert.

Zunächst trafen wir uns in regelmäßigen Videokonferenzen und überarbeiteten das bewährte Präsenzprogramm. Unvergessen bleibt unser erstes Dreier-Meeting in Präsenz nach dem ersten Lockdown. Unter strengen Auflagen mit Abstand und Gesichtsmasken tauschten wir unsere Gedanken und Gefühle aus, diskutierten viel und brachten neue Ideen zustande. In einer schwierigen Zeit der Isolation bauten wir Nähe auf und wurden kreativ – das hat uns spürbar zusammengeschweißt. Und es hat zu einem gemeinsamen Resultat geführt: zu diesem Schlüsselbund der Achtsamkeiten!

Nicht nur wir empfanden diese Zeit der digitalen Neuerfindung unserer Achtsamkeitskurse als bereichernd. Auch viele Studierende gaben uns positives Feedback. Die digitalen Kurse waren für sie wie ein Anker in einer kritischen Lebensphase, die gezeichnet war von Einsamkeit und vielen Ängsten. Ihre Teilnahme am Kurs war häufig das einzige »Tor zur Welt«, wo sie nicht nur über Fachliches informiert wurden. Sie konnten sich auch mit anderen Menschen über ihre Gedanken und Gefühle austauschen, sich über ihre Rolle in ihrem Umfeld und ihre Beziehung zum Planeten Erde bewusst werden und etwas für ihr Wohlbefinden tun. Das berichteten uns Studierende aus ganz unterschiedlichen Fachbereichen – und die Begeisterung für unsere besondere, für viele noch ungewohnte Form der Lehre hat seitdem weiter zugenommen.

Bei Reyk, der an der Friedrich-Schiller-Universität Jena unterrichtet, können Studierende der Medizin, Psychologie, Interkulturellen Wirtschaftskommunikation, Angewandten Ethik sowie angehende Lehrer:innen den Schlüsselbund der Achtsamkeiten kennenlernen. Darüber hinaus gibt er Seminare zu Themen wie Mindful Leadership und achtsames Schreiben. Ganz in der Nähe, an der Ernst-Abbe-Hochschule Jena, führen Mike und Hubert jedes Semester im Team-Teaching Studierende aus den Fachbereichen Sozialwesen (Mike) und Wirtschaftsingenieurwesen (Hubert) an die mehrdimensionalen Übungen heran. Auch junge Menschen aus den Fachbereichen Betriebswirtschaft, Bio- und Medizintechnologie nehmen an diesen interdisziplinären Lehrveranstaltungen teil.

Parallel bieten Mike und Hubert in ihren jeweiligen Fachbereichen noch andere Achtsamkeitsveranstaltungen an. So hat Mike in das Studium der Sozialen Arbeit einen Achtsamkeitspfad integriert, auf dem Studierende im Laufe ihres Studiums mehrere aufeinander aufbauende Lehrveranstaltungen zu den drei Achtsamkeiten besuchen können. Wer diesen Pfad gegangen ist, kann im letzten Studiensemester das selbstständige Anleiten von Achtsamkeitsübungen lernen. Besonders für Sozialarbeiter:innen, die in ihrem Beruf mit herausfordernden zwischenmenschlichen Situationen konfrontiert werden, ist das ein willkommenes Hilfsmittel.

In Huberts Fachbereich Wirtschaftsingenieurwesen gibt es noch vier weitere »achtsame Hochschullehrende«, die wie er eine entsprechende Ausbildung und tägliche Achtsamkeitspraxis haben. Sie unterstützen sich gegenseitig und geben damit dem ganzen Fachbereich ein achtsames Profil. Entsprechende Übungen sind in Lehrveranstaltungen aller Semester integriert und die Ziele des Studiums um wissenschaftliche Erkenntnisse der Achtsamkeitsforschung erweitert.

Als Bildungspioniere haben wir drei in der Jenaer Hochschullandschaft also schon einiges bewegt. Und nicht nur dort. Die von uns entwickelten Kurse werden mittlerweile an mehr als 25 Hochschulen in Deutschland, Österreich und der Schweiz angeboten: für Studierende, Lehrende, Mitarbeitende und Führende.

Auch in den Schulen gibt es ein großes Interesse am Schlüsselbund der Achtsamkeiten. Die ersten Schulen in Jena haben damit begonnen, unsere Kurse für Lehrer:innen und Schüler:innen zur Verfügung zu stellen. Das sind wichtige Schritte in der dringend notwendigen Reform unseres Bildungssystems, das geprägt ist durch das Anhäufen von Wissen und dabei die Schulung von Mitgefühl und Körperwahrnehmung vernachlässigt.

Mit diesem Buch möchten wir die **12 Grundübungen** des Schlüsselbunds der Achtsamkeiten auf direktem und einfachem Weg allen Menschen zugänglich machen, die sich dafür interessieren.

Bei der Entwicklung haben wir uns von international renommierten Expert:innen inspirieren lassen. Neben der Achtsamkeitslehrerin, Körpertherapeutin und Philanthropin Maria Kluge, die Du bereits im Vorwort kennengelernt hast, sind das vor allem der Medizinprofessor und Molekularbiologe Jon Kabat-Zinn, die Psychologin und soziale Neurowissenschaftlerin Tania Singer, der Ökonom und Transformationsforscher Otto Scharmer sowie die Tanzkünstlerin und Meditationslehrerin Arawana Hayashi.

Jon gilt als Vater der zeitgenössischen Achtsamkeitsbewegung. Er hat die individuellen Achtsamkeitsübungen weltweit bekannt gemacht. Tania gehört zu den international führenden Neurowissenschaftler:innen. Sie hat die spezifische Wirkungsweise unterschiedlicher Achtsamkeitsübungen erforscht und interaktive Kursprogramme mit sozialen Übungen entwickelt. Otto und Arawana sind führende Expert:innen im Bereich der achtsamen Kultur- und Gesellschaftstransformation. Zusammen mit ihren global agierenden Teams unterstützen sie Regierungen, Unternehmen, UN-Organisationen und zivilgesellschaftliche Initiativen mit Hilfe ökosystemischer Achtsamkeitsübungen. Wir sind Jon, Tania, Otto und Arawana von Herzen für die von ihnen entwickelten Programme, die Inspiration und persönliche Unterstützung dankbar.

## *Ein Theaterstück der Achtsamkeiten*

Wir laden Dich dazu ein, Dir die folgende Situation vorzustellen:

Zu sehen ist eine Gruppe von ungefähr 30 Menschen, die in einem großen Stuhlkreis in einem lichtdurchfluteten Raum mit hellem Holzboden sitzen. Es ist eine recht diverse Gruppe mit Frauen und Männern unterschiedlichen Alters und unterschiedlicher Hautfarbe. Sie sprechen nicht. Nur eine zierliche Frau mit grauen, zu einem Zopf gebundenen Haaren, die ein Päckchen mit farbigen Papierschildern in den Händen hält, steht. Sie zeigt eines dieser Schilder. Darauf steht »Regierung«. Nach ein paar Sekunden steht eine Person aus dem Stuhlkreis, ein älterer Herr im Polohemd, auf und tritt auf die zierliche Frau zu. Sie klebt ihm das Papierschild sanft auf die Brust, sodass der Schriftzug gut sichtbar für die anderen ist. Daraufhin läuft der ältere Mann für ein paar Sekunden langsam auf der Fläche, die vom Stuhlkreis umschlossen wird, umher. Die anderen Teilnehmenden beobachten ihn dabei in Stille. Es wirkt so, als würde er den für ihn »richtigen« Platz suchen. Nachdem er ihn gefunden hat, bleibt er stehen und hält kurz inne. Dann fasst er sich mit beiden Händen an den Kopf, beugt seinen Oberkörper leicht nach vorne und sagt:

**»Ich muss es einfach tun.«**

So geht es weiter: Die zierliche Frau mit dem grauen Zopf hält ein Papierschild mit einem Begriff hoch, jemand aus dem Stuhlkreis steht auf und holt sich das Schild ab, läuft auf der Fläche umher und schaut, wo er oder sie sich in Relation zu den anderen am besten positionieren kann, und sagt einen Satz. Eine junge, blonde Frau mit zwei Zöpfen fühlt sich zum Beispiel vom Schild »Kinder und Jugendliche« angesprochen. Bei der Suche nach einer passenden Stelle auf der Fläche innerhalb des Stuhlkreises nimmt sie sich Zeit. Dann setzt sie sich zwischen einigen stehenden Personen auf den Boden, verschränkt ihre Beine und umfasst diese mit beiden Armen, richtet den Blick nach oben und sagt laut und deutlich:

**»Hört mir zu!«**

Die Fläche füllt sich mit immer mehr Personen, die etwas verkörpern – darunter sind zum Beispiel auch »die Stadtverwaltung« oder »die Medien«. Einige machen eine ausdrucksstarke Geste, andere wirken eher teilnahmslos. Ganz am Ende, mittlerweile haben sich über 10 Personen auf der Fläche positioniert, tritt eine Person als »Planet Erde« hinzu. Die dunkelhaarige Frau mittleren Alters läuft bedächtig umher und prüft, wo sie sich in dieser Ansammlung von Menschen am besten niederlassen kann. Schließlich findet sie ihren Platz, kniet sich nieder, öffnet beide Arme weit, so als würde sie jemanden willkommen heißen, richtet den Blick vor sich auf den Boden und sagt:

**»Ich bin hier.«**

Vielleicht erinnert Dich das, was wir gerade detailliert geschildert haben, an ein Theaterstück. Das ist es im Grunde auch, aber eine ganz besondere Form. Es ist der Anfang einer speziellen Übung im Rahmen des sogenannten »Social Presencing Theater«.

»Social«, weil dabei Menschen körperlich miteinander in Interaktion treten und so etwas wie eine gemeinsame Skulptur bilden. »Presencing«, weil sie dabei möglichst bewusst im Hier und Jetzt (engl. presence = Gegenwart) sind und ihre jeweilige Situation und das, was daraus entstehen möchte, körperlich spüren. Und »Theater« (griech. theasthai = anschauen), weil dabei Gefühle, Körperempfindungen, Beziehungen und sogar die Kräfte einer im Entstehen befindlichen Zukunft auf einer Art Bühne sichtbar gemacht werden – weit über das hinaus, was Wörter ausdrücken können.

Zu sehen ist diese Übungssequenz in einem Video auf einer Website des Presencing Institute, das zum weltbekannten Massachusetts Institute of Technology (MIT) in Cambridge/Mass. in den USA gehört. Gegründet wurde das Presencing Institute unter anderem von zwei unserer Weggefährt:innen, die auch in diesem Video zu sehen sind: Arawana Hayashi – sie ist die zierliche Frau mit dem grauen Zopf – und Otto Scharmer. Genaueres über Ottos Engagement wirst Du später noch lesen.

Arawana hat jahrzehntelange Erfahrung als Tanzchoreografin und Meditationslehrerin. Sie hat nicht nur ein überaus ausgeprägtes Körperbewusstsein und die Fähigkeit, dieses zu vermitteln, sondern sie ist auch darin ausgebildet, Teilnehmende anzuleiten, mit ihren Bewusstseinsinhalten achtsam umzugehen.

In der beschriebenen, von ihr angeleiteten Eingangsszene spielen mehrere Achtsamkeiten ineinander. Es geht nicht nur darum, wie die Rollenträger:innen – zum Beispiel der »Planet Erde« oder »die Regierung« – den eigenen Körper im Moment spüren, sondern auch darum, wie sie die anderen Rollenträger:innen – Arawana spricht vom »sozialen Körper« – und die Verbindungen zu ihnen wahrnehmen.

Weil bestimmte Rollen und ihre Beziehungen zueinander als ein Gesamtgefüge aufgestellt werden, spricht die Wissenschaft hier von »systemischer« Achtsamkeit (griech. systema = aus Teilen zusammengefügtes Ganzes). Und durch das Mit-Aufstellen des Planeten Erde kommt zugleich auch die ökologische Dimension mit ins Theaterstück. All das wird in nur einer Übung miteinander verbunden.

Genau diese Verbindung von individuellen, sozialen und ökosystemischen Erfahrungsräumen halten wir für wegweisend. Sie zieht sich wie ein roter Faden durch dieses Buch.

Im folgenden Übungsteil wirst Du ein solches Theaterstück der Achtsamkeiten in Form des Eco Body Scans kennenlernen. Er kommt, einer inneren Logik folgend, bewusst erst gegen Ende. Denn für diese Art der ökosystemischen Achtsamkeitspraxis empfiehlt sich eine gewisse Vorbereitung durch die vorgeschalteten individuellen und sozialen Übungen.

In den individuellen Übungen (wie z. B. Body Scan und Moving Body Scan) lernst Du, Deinen eigenen Körper bewusst und von innen her wahrzunehmen und zu bewegen. Mit dem sozialen Schlüssel trainierst Du, eine weitere Person oder sogar eine kleine Gruppe zu scannen. Auf dieser Basis kannst Du Dich auf den Eco Body Scan mit seiner darüber hinausgehenden systemischen und ökologischen Dimension viel leichter einlassen und bist besser zugänglich für seine Wirkungskraft.

Die neuen Wortbildungen »Moving Body Scan«, »Social Body Scan« und »Eco Body Scan«, die es in den Achtsamkeitsprogrammen bisher nicht gab, haben wir geprägt, um den inneren Zusammenhang zwischen individuellen, sozialen und ökosystemischen Übungen terminologisch hervorzuheben.
Was Du im klassischen Body Scan am ruhenden Körper erprobst, kannst Du im »Moving Body Scan« in Bewegung setzen, im »Social Body Scan« auf eine kleine Gruppe von Menschen anwenden und im »Eco Body Scan« nutzen, um die inneren Blockaden und Veränderungskräfte eines ganzen Ökosystems sichtbar werden zu lassen.

Die Systematik der Terminologie spiegelt die von uns erarbeitete und erprobte Reihenfolge: eine Übungssorte nach der nächsten. Es ist diese innere Logik, die unseren Schlüsselbund der Achtsamkeiten so leicht erlernbar, flexibel und wirkungsstark macht.

Und nun, nachdem Du uns schon ein bisschen kennengelernt hast und weißt, warum wir Dir diesen Schlüsselbund reichen, lass uns die gemeinsame Reise beginnen! Wir laden Dich dazu ein, auf den folgenden Seiten die drei aufeinander aufbauenden Übungssorten mit ihren einzelnen Übungen praktisch kennenzulernen.

Probiere Dich aus, spüre Dich hinein und lade auch Deine Mitmenschen zu den Gruppenübungen ein! Durch regelmäßiges Üben kann das, was am Anfang vielleicht noch wie eine »To-do-Liste« wirkt, zu einem Bedürfnis werden, das Dein und Euer Leben bereichert.
Beim Praktizieren der Achtsamkeiten wünschen wir Dir Freude und Neugier, Selbstmitgefühl und Mut. Lass Dir Zeit dabei! Slow down! Jede Übung möchte ganz in Ruhe erkundet und erprobt werden. Das Buch läuft Dir nicht weg. Es wartet geduldig auf Deine geruhsamen Schritte entlang dieses mehrdimensionalen Pfads der Achtsamkeiten.

# ÜBUNGEN FÜR MICH

*Der individuelle Schlüssel*

*achtsamkeiten.com*

Unterstützende Audio-Dateien und Materialien zur Durchführung der folgenden Übungen haben wir hier für Dich zusammengestellt.

## 1. MEDITATION 2 GO: DIE ATEMRAUMÜBUNG

Während Du das hier liest, geschieht es ganz selbstverständlich: das Atmen. Solange Du lebst, versorgt sich Dein Körper mit frischer Energie in Form von Sauerstoff und entledigt sich verbrauchter Energie in Form von Kohlenstoffdioxid. Immer und überall. Die Atmung ist aber nicht nur, zusammen mit Deinem Herzschlag, Deine biologische Basis, sie ist auch die Basis der achtsamen Meditationspraxis.

Bewusster Fokus auf den Atem verbindet den Geist mit dem Körper. Sie erdet Dich. Wie ein Anker hält die bewusste Atmungswahrnehmung Dich im Hier und Jetzt und hilft Dir dabei, Dich nicht von Gedanken, Gefühlen, Körperempfindungen und Außenwahrnehmungen vereinnahmen zu lassen. Während diese kommen und gehen, folgt zuverlässig auf jedes Einatmen ein Ausatmen – und auf jedes Ausatmen ein Einatmen.

Durch seine Verlässlichkeit lehrt der Atem Dich das Loslassen und Vertrauen. Das Ein- und Ausatmen geht bis zu Deinem Lebensende weiter, und Du musst Dir keine Gedanken darüber machen. Man könnte auch sagen: Das Leben ist eine Abfolge von sehr vielen einzigartigen Atemzügen. Im Grunde ist jedes achtsam erlebte Einatmen ein Neuanfang, dem Du mit Neugier begegnen kannst. Und jedes in Achtsamkeit vollzogene Ausatmen lässt sich als ein kleines Training in der Kunst des Loslassens verstehen.

Dafür brauchst Du nicht in einer bestimmten Art und Weise zu atmen oder gar Deinen Atem zu kontrollieren. Nimm einfach die körperlichen Aspekte der Atmung, so wie sie gerade ganz automatisch in Dir stattfindet, aufmerksam wahr – ohne sie zu verändern und ohne darüber zu urteilen. Du spürst das Atmen zum Beispiel durch die Bewegung der Bauchdecke, die sich beim Einatmen hebt und beim Ausatmen wieder zusammenzieht. Oder durch die Bewegung des Brustkorbs. Oder anhand des Luftstroms an den Nasenlöchern. Das Praktische an der Atemraumübung, die wir Dir jetzt vorstellen, ist: Du kannst sie überall durchführen – als kleine Pause am Schreibtisch, während eines Verkehrsstaus im Auto oder beim Warten in der Arztpraxis. Die Übung besticht durch ihre Einfachheit und hohe Wirksamkeit.

Entwickelt wurde sie von den Oxforder Psychologen Mark William und John Teasdale sowie dem kanadischen Psychotherapeuten Zindel Segal. Die Atemraumübung spielt eine wichtige Rolle in ihrem Therapieprogramm Mindfulness-Based Cognitive Therapy (MBCT), das weltweit erfolgreich zur Behandlung von Depressionen eingesetzt wird. Die drei Kollegen beschreiben die Übung auch gern als »meditation for the pocket«, also als Meditation für die Hosentasche, die man jederzeit und überall durchführen kann.

**Und so geht's:**
Die Atemraumübung kannst Du im Sitzen, im Stehen, im Gehen oder im Liegen durchführen. Probiere einfach aus, wie es sich am besten anfühlt und sich situativ eignet. Wenn Du auf einem Stuhl sitzt, achte darauf, dass der Rücken möglichst gerade

ist, die Schultern locker sind und die Füße flach auf dem Boden stehen. Wenn Du magst, kannst Du auch die Augen schließen oder den Blick entspannt auf dem Boden ablegen. Die Atemraumübung besteht aus drei Phasen. Beim Durchführen dieser Phasen können Dir die Metaphern von einem Flutlicht und einem Scheinwerfer helfen. Diese beiden Bilder von unterschiedlichen Lichtquellen unterstützen Dich dabei, Deine Aufmerksamkeit ganz bewusst zu steuern.

In Phase 1 schaltest Du das Flutlicht an, das Du mit seinem breiten Spektrum auf Deinen gesamten Bewusstseinsstrom richtest. In Phase 2 schaltest Du um auf den Scheinwerfer, mit dem Du die körperlichen Wahrnehmungen der Atmung fokussierst. In Phase 3 schaltest Du wieder um auf Flutlicht und richtest die Aufmerksamkeit jetzt von den körperlichen Aspekten der Atmung aus auf den ganzen Körper und seine Empfindungen.

Zur Vorbereitung nimmst Du Deine Körperhaltung wahr und den Raum, in dem Du Dich befindest.

**Phase 1: Flutlicht an.** Welche wechselnden Gedanken, Gefühle, Empfindungen und Wahrnehmungen treiben gerade durch Deinen Bewusstseinsstrom? Mit Neugier beobachtest Du diese.

**Phase 2: Flutlicht aus. Scheinwerfer an.** Der Scheinwerfer Deiner Aufmerksamkeit richtet sich jetzt auf die Körperempfindungen, die mit Deiner Atmung verbunden sind. Die Bauchdecke und der Brustkorb, die sich beim Einatmen weiten und beim Ausatmen wieder zusammenziehen. Die Bewegung der Nasenflügel. Die Luft an den Nasenlöchern. Wenn Dir andere Stellen im Körper auffallen, wo Du den Atem spürst, kannst Du auch dort mit dem

Scheinwerfer hingehen. Wenn Du bemerkst, dass Du abschweifst, kehre freundlich zu den Körperstellen zurück, wo Du Deinen Atem spürst. Nimm auch die Pausen zwischen dem Ein- und dem Ausatmen wahr. Ist es nicht faszinierend, dass Dein Körper immer wieder von selbst und zur rechten Zeit mit dem Atemprozess beginnt?

**Phase 3: Scheinwerfer aus. Flutlicht an.** Welche körperlichen Empfindungen tauchen neben den Atembewegungen auf, wenn Du in Deinen Körper hineinspürst? Das können kalte Füße sein oder feuchte Hände. Es kann ein verspannter Nacken sein, ein Kribbeln am Hinterkopf, ein Wärmegefühl in der Herzgegend. Vielleicht bemerkst Du auch, welche Körperteile den Boden berühren, wie die Luft Deinen Körper umgibt, welche Geräusche in Dir und in der Umwelt zu hören sind. Wie fühlt sich Deine Körperhaltung jetzt an? In ihrer eigenen Geschwindigkeit kommt die Übung zu ihrem Ende.

Die Atemraumübung kannst Du in verschiedener Länge und Intensität praktizieren. Von wenigen Atemzügen zwischendurch bis hin zu einer mehrminütigen Praxis, bei der Du Dich bei Bedarf an einen ruhigen Ort zurückziehen kannst. Sie lässt sich einfach und wirkungsvoll in Dein Leben integrieren. Du kannst sie als Mini-Meditation für unterwegs nutzen oder zuhause zelebrieren. Je nach Bedarf.

**PERSÖNLICHE STORY**

**Wie Maria junge Menschen für den eigenen Atem begeistert – und für noch viel mehr**

Unserer Weggefährtin Maria Kluge liegt die Arbeit mit Kindern und Jugendlichen ganz besonders am Herzen. Vor einigen Jahren hat sie das Buch »The Toolbox Is You« in die Welt gebracht. Mehr als 50.000 Exemplare davon zirkulieren bereits, fast 300 Schulen verwenden das Buch aktuell. Schon junge Menschen kommen so mit Achtsamkeitsübungen auf spielerische Weise in Berührung – und der Atem spielt dabei eine Schlüsselrolle. Marias Toolbox hat uns dazu inspiriert, das vorliegende Buch zu verfassen. Wir haben Maria ein paar Fragen gestellt:

***Was ist das Ziel der Toolbox?***

»›The Toolbox Is You‹ soll Menschen dazu ermutigen und anregen, ihre angeborene Freundlichkeit und Neugierde – das Kind in uns allen – wiederzuentdecken und zu fördern. Gerade Kinder und Jugendliche, die in meinen Augen immer häufiger fremdgesteuert sind, können dadurch sanft geschubst werden, ihren eigenen Körper, ihre eigenen Gedanken und Gefühle – ihr Potenzial – zu erforschen. Auf diese Weise können sie liebevoll ihre individuelle Authentizität und die Autorität über ihr eigenes Leben erfahren. Mit der Toolbox lernen sie spielerisch und leicht, dass es verschiedene Sichtweisen und Empfindungen für Dinge gibt und dass Veränderung die Konstante des Lebens ist. Jeder Atemzug ist anders und allein schon das zu beobachten, hält den Forschergeist wach. Diese Haltung zu üben hilft, in den Fluss des Lebens einzutauchen und lebendig zu bleiben – trotz ständiger Veränderungen, die kommen werden. In der gemeinsamen Arbeit mit dem Buch lernen alle voneinander – die Kinder und Jugendlichen, die Pädagog:innen, die Mitarbeitenden im Sozialbereich und natürlich auch die Eltern.«

***Wie ist die Toolbox aufgebaut und welche Rolle spielt der Atem dabei?***

»Das Buch ist in deutscher und englischer Sprache verfasst und kann auch kostenlos von der gleichnamigen Website heruntergeladen werden. Ich vergleiche es gern mit einem Kochbuch, in dem es tolle Rezepte zum Mitmachen gibt. Die Zutaten hier sind die verschiedenen Kapitel. Direkt im ersten Kapitel geht es um den Atem, denn er ist die

Basis für unser Leben! In verschiedenen kleinen Übungen, Geschichten und Gedichten können sich die Kinder und Jugendlichen dabei mit dem eigenen Atem auseinandersetzen. Eine sehr einfache Übung, die besonders gut ankommt in der Praxis, ist zum Beispiel 1 Minute Atemzählen. Denn es ist spannend, sich zu fragen, warum die Anzahl der Atemzüge zu einem anderen Zeitpunkt vielleicht anders ist. Woran liegt das? Und was hat das mit dem eigenen Leben und dem eigenen Verhalten zu tun?«

***Wie läuft die Arbeit mit der Toolbox ab?***
»Wenn ich sie in den Kindergärten oder Schulen innerhalb von einer Stunde vorstelle, ist jede Vorstellung ein anderes kleines Abenteuer. Denn so ist das Leben, so ist Menschsein. Ich schaue dann: Wie sind die Erfahrungen in der Gruppe, wie ist die Stimmung, welche Bedürfnisse sind im Moment da? – Und dann improvisiere ich spontan. Zum Einstieg machen wir zum Beispiel gemeinsam eine kleine Atemmeditation oder wir sprechen über die Bedeutung eines bestimmten Wortes. Der Austausch ist wie ein freies Spiel, zu dem ich einlade, ohne zu bewerten oder festzuhalten, was dabei rauskommt. Auch die Lehrkräfte und Erzieher:innen, die die Toolbox dann später einsetzen können, haben einen riesigen Spielraum, um die menschliche Wirksamkeit im Austausch mit den jungen Menschen zu erforschen und Eigenschaften wie Konzentration, Intuition, Kreativität, offenes Denken, Vertrauen und Mut zu fördern.«

***www.thetoolboxisyou.com/de/***

## 2. DEIN KÖRPER IST DEIN ANKER: DER BODY SCAN

In einer zunehmend digitalisierten Welt gibt es einen weiteren hervorragenden analogen Anker, der vielleicht gar nicht so offensichtlich ist: Dein Körper! Er ist schließlich der Ort, der Dich das Leben in vollen Zügen erfahren lässt und in dem Du Dich zuhause fühlen kannst. Er kann Dir Stabilität und Frieden geben. Dafür brauchst Du ihm nur Deine Aufmerksamkeit schenken und Deiner Neugier folgen – bei einer spannenden Forschungsreise. Das ist nicht leicht und will geübt sein!

Beim Body Scan gehst Du mit Deinem Geist sanft, einfühlsam und systematisch alle Regionen des Körpers nacheinander durch. Du verwendest die Aufmerksamkeit dabei ähnlich wie im Mittelteil der Atemraumübung: nämlich als Scheinwerfer. Nur ist dieses Mal der Fokus in Bewegung: von einem Körperbereich zum nächsten. Eine Körperregion nach der anderen nimmst Du wahr, ohne die Ergebnisse dieses Prozesses zu bewerten. Beim Body Scan geht es nicht darum, was und wie viel Du von Deinem Körper wahrnimmst, sondern um das Trainieren dieses Typus von Aufmerksamkeit: Scanner bzw. Scheinwerfer in Bewegung.

Seine Wurzeln hat der Body Scan in der über 2.500 Jahre alten buddhistischen Praxis. In den vergangenen 40 Jahren wurde er von unserem Weggefährten Jon Kabat-Zinn mit einem zeitgemäßen Vokabular reformuliert und bekannt gemacht. Diese Form des Body Scans spielt eine zentrale Rolle in Jons berühmtem Kursprogramm Mindfulness-Based Stress Reduction (MBSR). Das achtwöchige Kursangebot mit verschiedenen Übungen ist bereits 1979 an der von ihm geleiteten Stressklinik des University Hospital of Massachusetts entstanden. Seitdem hat er es kontinuierlich verfeinert. Heute wird MBSR weltweit von professionell ausgebildeten MBSR-Trainer:innen in Kliniken, aber auch in privaten Kursen angeboten.

Es empfiehlt sich, den Body Scan an einem Ort durchzuführen, wo Du Dich wohlfühlst und möglichst nicht gestört wirst. Du kannst den Body Scan (am besten auf dem Rücken) liegend, aber auch im Sitzen oder Stehen durchführen. Wenn Du liegst, benutze eine weiche Unterlage wie zum Beispiel eine Yogamatte, einen Teppich oder eine dicke Decke. Um während der Übung nicht zu frieren, kannst Du Dich auch zudecken. Eine zusammengerollte Decke unter den Kniekehlen kann zudem die Lendenwirbelsäule entlasten.

Kalkuliere rund 20 Minuten für Deine Körperreise ein, um die einzelnen Stationen in Ruhe zu erkunden. Diesen Zeitraum kannst Du als geübte Bodyscannerin bzw. geübter Bodyscanner auch variieren – ganz an Deine aktuellen Bedürfnisse und Deine Situation angepasst. Ist Deine Neugier geweckt? Dann nichts wie los!

**Und so geht's:**
Ein paar wichtige Hintergrundinfos noch, bevor Du beginnst. Beim Body Scan gibt es nichts zu erreichen, zu bewerten oder zu verändern. Du nimmst einfach wahr, was in den verschiedenen Regionen Deines Körpers los ist oder auch nicht. Angenehme, neutrale und auch unangenehme Empfindungen stehen dabei gleichberechtigt nebeneinander. Kribbeln, Pochen, Trockenheit, Feuchtigkeit, Kälte, Wärme, Taubheit, Schmerz – das sind

nur einige Empfindungen, die möglicherweise auftreten können. Es kann aber auch sein, dass Du in bestimmten Körperregionen gar nichts spürst. Auch das ist okay.

Es ist außerdem vollkommen normal, dass während Deines Body Scans Gedanken, Bilder und Gefühle auftauchen. Stellst Du das fest, führst Du Deinen Aufmerksamkeits-Scheinwerfer wieder sanft zu der gerade aktuellen Stelle Deiner Körperreise zurück und scannst mit ihm weiter. Und wenn Du im liegenden Zustand müde werden solltest, kannst Du auch die Augen öffnen oder Dich aufrecht hinsetzen. Im Idealfall bist Du hellwach beim Body Scan – er ist etwas anderes als ein Power-Nap.

- Auf dem Rücken liegend legst Du beide Arme rechts und links neben dem Rumpf auf dem Boden ab. So, wie es für Dich angenehm ist. Deine Beine sind ausgestreckt und auch die Füße legst Du mit etwas Abstand parallel zueinander ab. Scanne zunächst einmal alle Körperstellen durch, die direkten Kontakt zum Boden haben – von den Fersen die Beine entlang über das Gesäß, den Rücken und die Schultern bis zum Hinterkopf. So, als wenn Du an einem Strand auf nassem Sand liegst. Wie würde der Abdruck aussehen, den Dein Körper im Sand hinterlässt?

- Deine Körperreise beginnst Du bei den Zehen Deines linken Fußes. Mit Freundlichkeit Dir selbst gegenüber spürst Du in jeden einzelnen Zeh nacheinander hinein, auch in die Zehenzwischenräume. Von dort wandert Deine Aufmerksamkeit durch die einzelnen Fußzonen – Ballen, Fußsohle, Ferse und Fußrücken – langsam und sanft den Unterschenkel mit Schienbein und Wadenmuskeln hoch. Über das Knie mit seinem Gelenk und der Kniekehle lenkst Du Deine Aufmerksamkeit weiter in den linken Oberschenkel und erreichst schließlich das Gesäß und das Becken. In all diesen Regionen verweilst Du mit Deiner Aufmerksamkeit und spürst nach, welche Empfindungen auftauchen.

- Jetzt ist das rechte Bein dran. Du startest wieder bei den Zehen und dem Fuß, wanderst mit Deiner Aufmerksamkeit langsam über den Unterschenkel, das Knie und den Oberschenkel bis zum Gesäß. Wenn Du magst, kannst Du während des Verweilens im Beckenbereich Deinen Atem zu Hilfe nehmen. Stell Dir zum Beispiel vor, wie er von der Nase durch den Oberkörper bis in Dein Becken hineinfließt und von dort über den Bauch und den Hals durch die Nase wieder austritt. Wie fühlt sich das an?

- Der Body Scan geht weiter im Oberkörper. Du erkundest zunächst Deine Empfindungen im Bauchraum, das Heben und Senken der Bauchdecke bei der Atmung. Dann lenkst Du Deine Aufmerksamkeit in den Brustkorb mit seinen zwölf Rippen. Wo ist Deine Aufmerksamkeit jetzt, beim Brustraum oder woanders? Fällt es Dir leicht, bei der Sache zu bleiben, oder eher nicht? Beides ist okay. Sobald Du bemerkst, dass Deine Aufmerksamkeit nicht auf der Körperwahrnehmung ruht, ist dies ein achtsamer Moment. Integriere diesen Moment, denn er ist genauso ein Teil der Übung, wie die Körperwahrnehmung selbst.

- Nun scannst Du den Schultergürtel und den Nacken, der vielleicht verspannt ist. Auf der Körperrückseite erkundest Du erst den unteren Rücken mit Steißbein und Kreuzbein, dann den mittleren Rücken, bis Du den oberen Rücken und Deine Schultern erreichst.

- Jetzt sind beide Hände an der Reihe. Erforsche jeden einzelnen Deiner Finger, die beiden Daumen, die beiden Handrücken und die beiden Handteller. Merkst Du, wie sensibel Deine Hände sind? Die Hände sind wie Sinnesorgane, mit denen Du die Welt begreifst. Von den Handgelenken geht es über die Unterarme und die Ellenbogen hoch zu den Oberarmen, bis Du wieder bei den Schultern angelangt bist.

- Von den Schultern aus wandert Deine Aufmerksamkeit zum Halsbereich. Scanne dort Kehle, Unterkiefer und Kinn. Ist Dein Kiefer locker oder angespannt? Wie liegt die Zunge in der Mundhöhle? Sind die Lippen trocken oder feucht? Jetzt geht es weiter im Gesicht. Wie fühlt sich Deine Nase an – von innen und von außen? Lass Deine Aufmerksamkeit weiter wandern zu den Wangen und den Augen – mit ihren Augenhöhlen, Augenlidern und Augäpfeln. Was spürst Du an den Ohren? Und wie fühlt sich die Stirn an? Nimm schließlich Deinen Kopf als Ganzes wahr – die Kopfdecke, die Schläfen, den Hinterkopf.

- Ein mögliches Finale des Body Scans ist die Wal-Atmung. Stell Dir vor, Du hättest wie ein Wal ein Loch am Scheitelpunkt Deines Schädels, durch das Du ein- und ausatmen kannst. Die Luft, die Du durch dieses Loch einatmest, führst Du durch den gesamten Körper bis in die Fußsohlen. Stell Dir auch hier eine Öffnung vor, durch die Du ausatmen kannst. Jetzt geht die Wal-Atmung in die entgegengesetzte Richtung. Du atmest durch die Fußsohlen ein und leitest die Luft hoch durch Deinen ganzen Körper und an Deinem Scheitelpunkt wieder aus. Diesen Atemzyklus wiederholst Du einige Male. Langsam kommt Deine Körperreise zu einem Ende.

Gerade am Anfang ist ein angeleiteter Body Scan sinnvoll. Wenn Du zu einem späteren Zeitpunkt sicherer bezüglich des Ablaufs bist, kannst Du Dich natürlich auch selbst anleiten, wenn Du magst. Sollte das gut funktionieren, kann Dir das einen enormen Freiraum verschaffen. Du kannst den Body Scan dann im Grunde überall und jederzeit durchführen. Sogar im Bus oder in der Bahn, im Büro oder auf einer Parkbank. Auch ohne Utensilien wie die Yogamatte oder die Decke und nur wenige Minuten. Es gibt auch Menschen, die am Anfang so ihre Schwierigkeiten mit dem Bodyscannen haben. Gib nicht sofort auf und lass Dich auf diese möglicherweise ungewohnte Methode einfach mal ein! Und wer weiß – vielleicht wird der Body Scan sogar Deine Lieblingsübung. Er schult nicht nur Deine Aufmerksamkeit, sondern verbindet auch Deinen Geist mit Deinem Körper und hilft Dir dabei, im Hier und Jetzt zu sein.

**PERSÖNLICHE STORY**

**Wie der Body Scan eine Vater-Sohn-Beziehung stärkt**

»Mein elfjähriger Sohn Joshua ist, wie die meisten Jugendlichen dieser Generation, ein Digital Native. Er hört zum Beispiel Podcasts, Musik über Streaming-Dienste und schaut sich YouTube-Videos an. Und er spielt Computerspiele, bei denen er mit Avataren, also digitalen Ersatz-Körpern, in der virtuellen Welt unterwegs ist. Wenn er am Nachmittag von der Schule heimkommt, verbindet er sich häufig mit digitalen Tools – sei es mit dem Smartphone, mit dem Tablet oder eben mit dem Computer. Sein Geist wird dann von digitalen Reizen stimuliert. Das trägt in meinen Augen dazu bei, dass er sich abends häufig noch hellwach fühlt und nicht gut einschlafen kann.

Vor einiger Zeit habe ich ihn daher gefragt, ob ich mal einen Body Scan für ihn vor dem Schlafengehen anleiten darf – und Joshua hat sich darauf eingelassen. Die Voraussetzung für einen Body Scan, der hellwache Geist, war ja scheinbar gegeben. Ich habe ihm gesagt, dass es beim Body Scan darum geht, wach zu bleiben und nicht einzuschlafen. Aber so wach, wie er gedacht hatte, war er dann doch nicht. Nach wenigen Minuten – ich war in der Anleitung noch beim linken Bein – schlief er tief und fest.

Aus dem abendlichen Body Scan entwickelte sich eine schöne Gewohnheit, die auch zu mehr Verbundenheit in unserer Vater-Sohn-Beziehung geführt hat. Regelmäßig leite ich Joshua vor dem Schlafengehen bei einem Body Scan an – mal ist er noch eine Weile wach, mal schläft er früher ein. Manchmal führt auch er mich durch eine Körperreise und improvisiert bei der Anleitungsform auf spielerische Weise, wie es Kinder und Jugendliche gern tun.

Für mich zeigt diese Erfahrung sehr eindrucksvoll, wie Achtsamkeitsübungen den Vormarsch der Digitalisierung und die damit im menschlichen Bewusstsein verbundenen Effekte nachjustieren. So kann eine regelmäßige Achtsamkeitspraxis zum Beispiel die Aufmerksamkeitsfokussierung trainieren, um besser mit der Reizüberflutung umgehen und Grenzen setzen zu können, oder das eigene Körperbewusstsein intensivieren.

Und natürlich sind Achtsamkeitsübungen auch hilfreich für uns Eltern im Umgang mit Kindern, die in dieser digitalen Lebenswelt aufwachsen. Mein Sohn jedenfalls bemerkt, dass ihm der Body Scan guttut. Er teilt mir mit, dass er es schön findet, seinen eigenen Körper so genau zu spüren. Das macht es auch für mich einfacher zu akzeptieren, dass Joshua in einer zunehmend digitalen Welt aufwächst.«

***Mike***

## 3. MEDITATION IN AKTION: DAS ACHTSAME BEWEGEN

Während Du beim Body Scan den Körper in ruhender Position wahrnimmst, geht es nun um das achtsame Wahrnehmen Deiner Körperempfindungen beim Bewegen. Als Teil unseres Schlüsselbunds der Achtsamkeiten stellen wir einige Bewegungsübungen vor, die Du leicht in den Alltag integrieren kannst. Manche haben eher einen Nebeneffekt auf Koordination und Training des Gleichgewichts, andere primär auf Dehnung, wieder andere eher auf Kräftigung der Muskulatur. Hauptsächlich aber geht es auch bei diesen Achtsamkeitsübungen um die Schulung des Gewahrseins, also Deiner Fähigkeit zu bemerken, wo Deine Aufmerksamkeit im jeweiligen Moment gerade ist.

Während der Übungen lenkst Du Deine Wahrnehmung auf die jeweilige Bewegung und nimmst wahr, was ist. Dabei können angenehme, aber auch unangenehme oder neutrale oder gar keine Empfindungen auftauchen. Je nachdem, wie es Dir gerade geht und was Du zuvor gemacht hast, kann sich das teils stark unterscheiden zu verschiedenen Zeitpunkten des Praktizierens. Auf diese Weise lernst Du Deinen Körper in seiner individuellen Beschaffenheit, mit seinen aktuellen Bedürfnissen, seinen situativen Möglichkeiten und Grenzen besser kennen. So kannst Du bewusster und respektvoller mit Dir umgehen.

Das bedeutet auch, individuelle Grenzen zu erkennen und auf solche Übungen zu verzichten, die Dir nicht angemessen erscheinen. Sollte eine bestimmte Bewegung zum Beispiel Schmerzen verursachen, dann ist das ein klares Signal Deines Körpers. Du gehst über Deine momentane Grenze hinaus. Eine Möglichkeit ist dann, die

Übung zu vereinfachen. Sie langsamer und vorsichtiger durchzuführen. Oder Deine Augen zu schließen und Dir diese Übung einfach nur möglichst detailliert vorzustellen, ohne sie körperlich umzusetzen.

Bei den achtsamen Bewegungsübungen geht es nicht darum, immer besser oder sportlicher zu werden, wie zum Beispiel beim Fitnesstraining. Es geht auch nicht um Schnelligkeit, Effizienz oder Perfektion – es geht darum, dass Du Deinen Körper bewusst und ohne Zeitdruck wahrnimmst, den ständigen Wechsel aus Spannung und Entspannung, mit den vielen Gelenken, Muskeln und Sehnen. Deine körperlichen Grenzen werden sich ganz von selbst langsam erweitern, wenn Du die Bewegungen regelmäßig praktizierst. Außerdem wird es Dir zunehmend leichter fallen, Dich in Deinem Körper zuhause zu fühlen. Und darüber hinaus wirst Du vielleicht merken, wie Deine körperliche mit Deiner geistigen und emotionalen Beweglichkeit und Balance zusammenhängt.

Das ist auch die ursprüngliche Bedeutung des heute so weit verbreiteten Wortes Yoga. Es bedeutet harmonische Vereinigung und Integration von Körper und Geist in der inneren und äußeren Haltung. In der im zweiten Jahrtausend vor Christus entstandenen Tradition des Hatha-Yoga gibt es heute mehr als 84.000 Grundstellungen mit jeweils mindestens 10 Varianten. Dazu gehören sowohl das bewusste Bewegen als auch das bewusste Liegen, Sitzen, Stehen und Gehen. Auch in dem Kursprogramm Mindfulness-Based Stress Reduction (MBSR) unseres Weggefährten Jon Kabat-Zinn spielen achtsame Yoga-Übungen eine wichtige Rolle.

**Und so geht's:**
Wähle für die achtsamen Bewegungsübungen einen Ort und einen Zeitpunkt, wo Du ungestört bist. Bequeme Kleidung und eine Yogamatte, ein Teppich oder eine dicke Decke als Unterlage sind hilfreich. Vielleicht magst Du Dir auch eine zusätzliche Decke bereitlegen, die Du am Schluss der Übungen beim Ausruhen zum Zudecken nutzen kannst.

• Stell Dich zunächst hüftbreit hin. Deine Sprunggelenke, Hüfte und Knie sind leicht gebeugt, Deine Arme hängen locker seitlich an Deinem Körper herab. Du atmest durch die Nase ein und durch die Nase aus. Spüre, wie sich Dein Gewicht über die Füße auf dem Boden ablegt. Schau achtsam in Deinen Körper: Wo ist er gerade entspannt, wo ist er angespannt? Wie schafft er es, dass Du so stehen kannst und nicht umfällst?

• Wenn Du in dieser Position zur Ruhe gekommen bist, laden wir Dich zu den folgenden drei ausgewählten Übungen ein, die Du nacheinander machen kannst. Sie geben Dir eine abwechslungsreiche Einführung in das achtsame Bewegen.

**APFELPFLÜCKEN**

• Atme zunächst tief ein und dann wieder aus! Stell Dir vor, wie Du vor einem Baum stehst, an dessen Ästen einige Äpfel direkt über Deinem Kopf hängen.

• Nun streckst Du langsam beide Arme in die Höhe, seitlich Deines Kopfes, um einige dieser Äpfel zu pflücken.

• Deine Arme bewegen sich dabei im langsamen Wechsel: erst Dein linker Arm und Deine linke Hand, deren Finger sich auch so weit wie möglich spreizen, um einen Apfel zu erreichen; dann nimmst Du den linken

Arm wieder ein Stück nach unten, während Dein rechter Arm zeitgleich langsam nach oben reicht, um spiegelbildlich dieselbe Bewegung auszuführen wie zuvor der linke Arm. Wie fühlt sich die Dehnung an in den einzelnen Körperteilen – in den Fingern, in den Händen, in den Unter- und Oberarmen? Wie im Schultergürtel, im Rücken, im Po und in den Beinen?

- Nun machst Du Dich noch größer, indem Du Dich auf die Zehenspitzen stellst. Wieder »pflückst« Du langsam im Wechsel beider Arme und streckst dabei den gesamten Körper – von den Zehenspitzen bis zu den jeweiligen Fingerspitzen, so wie es für Dich geht. Nimm dabei auch wahr, wie sich Dein Gleichgewicht im Wechsel der Arme verlagert und Dein Körper die neue Position mit all seinen Muskeln, Sehnen und Gelenken ausbalanciert. Wo fühlt es sich angenehm an, wo zieht es vielleicht auch ein wenig und wo sind neutrale oder keine Körperempfindungen wahrzunehmen? Wiederhole diese Abfolge einige Male.

**BAUM-ÜBUNG**

Nach dem Apfelpflücken, bei dem Du mit Deinem Körper und Deiner Muskulatur verschiedene Dehnungserfahrungen machen konntest, erhältst Du jetzt Gelegenheit, Deine Koordination und Balance bewusster wahrzunehmen. Die Herausforderung bei der Baum-Übung besteht darin, dass Du jeweils im Wechsel über einen längeren Zeitraum auf einem Bein stehst. Das erfordert eine gewisse Koordination Deiner Muskeln, Sehnen und Gelenke, um die Balance zu halten.

• Dafür stellst Du Dich zunächst hüftbreit mit beiden Füßen fest auf eine Unterlage. Hüfte und Knie sind leicht gebeugt und die Arme hängen locker seitlich am Körper. Atme tief ein und wieder aus. Es ist hilfreich, wenn Du mit Deinen Augen einen bestimmten Punkt im Raum fokussierst.

• Nun hebst Du langsam ein Bein Deiner Wahl an und setzt dessen Fußsohle entweder auf der Wade oder auf dem Oberschenkel des gegenüberliegenden Standbeines (aber nicht auf der Höhe des Kniegelenks!) ab. Alternativ kannst Du Deine Zehen auch auf dem Boden lassen und die Ferse oberhalb des gegenüberliegenden Fußgelenks ablegen. Wenn Du gut in dieser Haltung angekommen bist, kannst Du langsam beide Arme waagerecht hochnehmen. Von dort führst Du die Hände so über Deinem Kopf zusammen, dass sie eine imaginäre Baumkrone bilden. In dieser Position bleibst Du, solange Du Dich darin selbst wahrnehmen und achtsam beobachten magst. Vielleicht kannst Du dabei auch spüren, wie die Muskulatur Deines Körpers dafür sorgt, dass Dein Gleichgewicht immer wieder neu austariert wird.

• Nach einer für Dich angemessenen Weile nimmst Du die Arme wieder herunter und stellst Dein vorher angewinkeltes Bein wieder auf der Unterlage ab. Im hüftbreiten Stand mit beiden Füßen auf dem Boden atmest Du einmal tief ein und wieder aus. Nun wiederholst Du dieselbe Bewegungsabfolge mit dem anderen Bein und bildest erneut einen Baum.

Wie ist diese Übung für Dich? Vielleicht wirst Du feststellen, dass Du eine »Schokoladenseite« hast. In der Regel wird Dir die Baum-Übung auf einem bestimmten Standbein leichter fallen als auf dem anderen Standbein. Und wie geht es Dir bei der Übung mit Deiner Aufmerksamkeit? Hast Du gemerkt, dass der Baum zu wackeln beginnt, wenn Deine Wahrnehmung nicht mehr beim Körper ist und Du in Gedanken unterwegs bist?

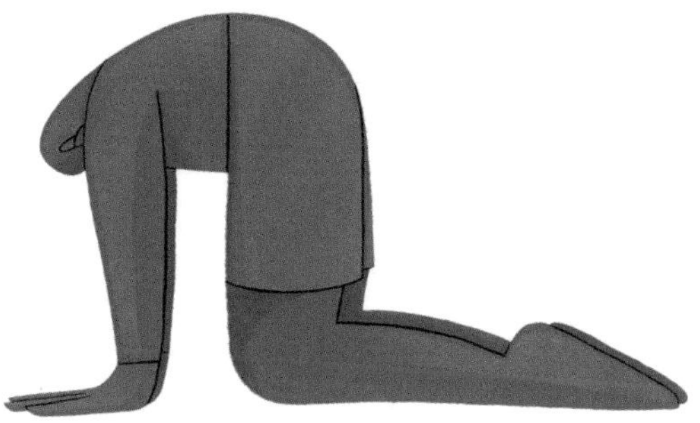

**KATZE UND KUH**

Diese Übung ist gut geeignet zur bewussten Schulung der Körperwahrnehmung, insbesondere im Bereich des Rückens, den wir sonst eher wenig spüren.

• Auf der Unterlage begibst Du Dich dafür zunächst in den Vierfüßer-Stand. Du kniest so, dass Deine Unter- und Oberschenkel jeweils etwa im 90-Grad-Winkel zueinanderstehen. Deine Fußrücken sind dabei auf der Unterlage abgelegt, während Du Deine Hände mit ausgestreckten Fingern auf dem Boden, mit leicht gebeugten Armen parallel in Schulterhöhe, positionierst.

• Nun machst Du, während des Ausatmens, langsam einen Katzenbuckel. Den erreichst Du, indem Du Deine mittlere Wirbelsäule nach oben ziehst, während Du Dein Becken etwas nach vorne schiebst. Dabei streckst Du Deine Arme voll durch und senkst Deinen Kopf, Dein Kinn neigt sich nach unten Richtung Hals. Halte diesen Katzenbuckel für einige Sekunden. Wie fühlt sich diese Position für Dich an?

• Nun bewegst Du, mit dem Einatmen, Deine Wirbelsäule genau in die andere Richtung: in die Kuh-Position. Dafür schiebst Du im bestehenden Vierfüßer-Stand die Wirbelsäule langsam nach unten. Dein Kopf richtet sich nach oben auf, Deine Arme sind weniger gestreckt und wieder leicht gebeugt wie in der Ausgangsposition in Ruhe. Dein Gesäß bewegt sich leicht nach hinten. Wie fühlt sich diese Position für Dich an?

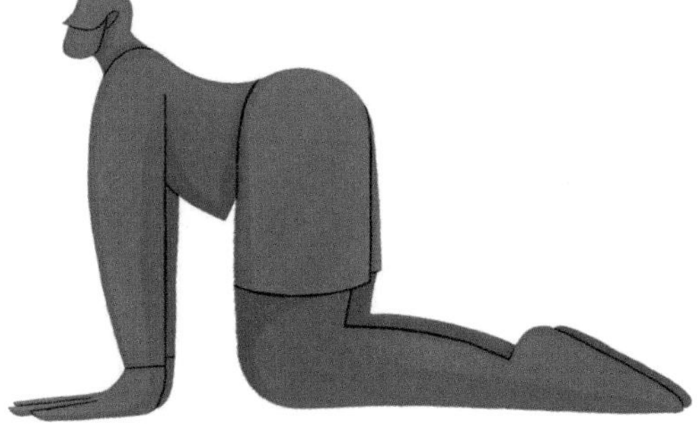

Wiederhole diesen Wechsel beider Positionen einige Male. Beim Katzenbuckel atmest Du aus, bei der Kuh-Position atmest Du ein.

Wie war es für Dich, diese drei Bewegungsübungen durchzuführen? Welche Übung ist Dir leichter, welche schwerer gefallen? Im Alltag kannst Du sie je nach aktuellem Bedürfnis und Umfeld ganz flexibel einsetzen – das Apfelpflücken zum Beispiel lässt sich einfach im Büro zwischendurch praktizieren, ohne irgendwelche Utensilien.

Darüber hinaus gibt es noch viele weitere achtsame Bewegungsübungen. Spüre Dich mal hinein und schaue, welche davon Dir besonders guttun und sich leicht in Deinen Alltag integrieren lassen.

*»Bewegungen achtsam auszuführen, eröffnet mir die Welt meines Körpers in Aktion. Nicht nur in diesen Grundübungen, sondern darüber hinaus beim Joggen, Klettern oder Schwimmen, bei allen Sportarten. Im Vordergrund steht für mich hierbei, was mir gerade guttut und was mir in diesem Moment möglich ist. Der achtsam ausgeführte Sport steigert mein Wohlbefinden und meine Gesundheit - ohne Leistungsgedanken.«* Hubert

**Erfahrungen unserer Kursteilnehmenden**

*»Ich mache die achtsamen Bewegungsübungen morgens. Denn sie helfen mir dabei, energetisch und gleichzeitig ruhig in den Tag zu starten. Außerdem geben sie mir mehr Struktur.«*

*»Mir macht es einfach mehr Freude, wenn ich Achtsamkeit mit aktiver Bewegung verbinden kann. Ich spüre mich dann besser als in Ruhepositionen.«*

*»Es ist mir leichter gefallen, als ich gedacht habe. Als Rollstuhlfahrer kann ich die Übungen nicht eins zu eins so umsetzen wie beschrieben. Ich kann sie aber auf meine persönliche Bewegungsweise übertragen und auch vieles im Kopf durchspielen. Auch das funktioniert sehr gut!«*

## 4. MEDITIEREN IM MEDIUM: DAS ACHTSAME SCHREIBEN

Schreiben hat viele Funktionen. Du kannst damit zum Beispiel Gedanken, Gefühle, Wahrnehmungen und Bedürfnisse ausdrücken und Dich mit Deinen Mitmenschen austauschen. Manchmal fehlen aber die angemessenen Worte oder der Zugang zu dem, was ausgedrückt werden will. Oder ein Text muss zu einer bestimmten Zeit fertig sein – zum Beispiel ein Bericht, ein Konzept, ein Gutachten, eine Bewerbung oder eine E-Mail bzw. WhatsApp-Nachricht. Dadurch kannst Du schnell in eine Art »Schreib-Autopilot«-Modus geraten, bei dem keine Klarheit in Deinen Gedanken und Gefühlen entsteht. Du verspürst dann Druck, vernachlässigst die eigenen Grenzen und schreibst nicht das, was Dir wichtig ist.

Beim Schreiben hast Du die Möglichkeit, Pausen zu machen und achtsam das zu beobachten, was Du ausdrücken möchtest. Der Schreibprozess kann ein Medium sein, in dem Achtsamkeit praktiziert wird.

Dabei geht es nicht nur um die Geisteshaltung, sondern auch um die Körperhaltung. Wie eng beides miteinander verbunden ist, konntest Du unter anderem beim Body Scan oder beim achtsamen Bewegen erfahren. Als Einstieg in das achtsame Schreiben ist eine bewusste Gestaltung der Schreibsituation unterstützend. Schaffe Dir dafür ein Umfeld, das Deine Freude am Schreiben fördert und Hindernisse abbaut, die den Schreibprozess beeinträchtigen können. Entscheide zum Beispiel bewusst: Wann und wo genau möchte ich schreiben? Wie kann ich meine Schreibposition angenehmer und bequemer gestalten? Welche Ablenkungsquellen kann ich vermeiden? Wie gehe ich während des Schreibens mit digitalen Medien im Umfeld (z. B. Smartphone) um?

Im Folgenden stellen wir Dir die Door-Opener-Übung vor. Sie unterstützt Dich dabei, eine achtsame Körperhaltung zu finden. Im Anschluss daran benennen wir sechs Leitaspekte einer achtsamen Geisteshaltung, die Dir beim Schreiben hilfreich sein können. Aber zunächst zur Door-Opener-Übung:

Sie kann Türen zum achtsamen Schreiben öffnen, indem sie die Schreibhaltung von der körperlichen Seite her bewusst macht. Bei der Entwicklung dieser Übung haben wir uns von den achtsamen Bewegungsübungen der Feldenkrais-Methode inspirieren lassen. Das Trainingsprogramm »Bewusstheit durch Bewegung« geht auf Moshe Feldenkrais (1904 – 1984) zurück. Der Quantenphysiker und Judolehrer ist in der zweiten Hälfte des vergangenen Jahrhunderts international bekannt geworden.

**Und so geht's:**

### DOOR-OPENER-ÜBUNG

***Phase 1 (3 Minuten)***

- Bitte platziere Dich ungefähr so, wie Du normalerweise im Alltag schreibst.

- Nimm nun Deine Körperposition bewusst wahr. Mache eine kleine Wahrnehmungsreise durch den Körper, beginnend bei den Füßen, über das Becken, den Rücken bis hin zum Kopf, den Schultern, Armen, Händen und den Fingern. Was spürst Du? Wie verteilt sich Dein Gewicht? Wo sind Muskeln angespannt und wo entspannt? Korrigiere nicht, beobachte nur.

- Bitte notiere Deine Gedanken, Gefühle, Empfindungen und Wahrnehmungen zu der folgenden Frage: *Wie nimmst Du Deine körperliche Schreibhaltung in diesem Moment wahr?*

***Phase 2 (5 bis 10 Minuten)***

Du kannst die folgende Übung im Stehen oder im Sitzen auf einem Stuhl durchführen. Wir stellen Dir die zweite Variante vor.

- Setze Dich an die Stuhlkante, stell beide Füße leicht geöffnet und stabil auf den Boden. Lege die Hände locker links und rechts seitlich auf dem Beckenkamm ab, so dass Deine Arme angewinkelt sind.

- Nun führst Du die Ellenbogen sanft nach vorne in Richtung des Brustbeins, während Deine Hände weiter locker seitlich auf dem Beckenkamm abgelegt sind. Dann wieder zurück in die Ausgangsposition.

- Führe diese Bewegung mehrere Male hintereinander aus, ähnlich wie bei einem halben Flügelschlag. Falls Du spürst, wie Du Kraft einsetzt, versuche es mit etwas weniger Kraft.

- Lass in der Vorwärtsbewegung Deiner Ellenbogen einen runden Rücken zu und spüre dabei in Deine Wirbelsäule hinein. Was macht Dein Kopf? Lass zu, dass er sich sanft mit nach vorne bewegt. Mit der Rückwärtsbewegung der Ellenbogen richtest Du Deinen Oberkörper wieder auf.

- Nimm wahr, wie Du atmest. Wann atmest Du in der Bewegung ein? Wann atmest Du in der Bewegung aus? Versuche verschiedene Kombinationen! Wähle den Atemfluss, der sich leichter anfühlt.

- Halte inne und nimm Dir Zeit, genau wahrzunehmen, wie Du jetzt sitzt. Hast Du Lust, einen kompletten Flügelschlag entstehen zu lassen?

- Führe die Ellenbogen hierfür achtsam nach hinten, so weit, wie es leicht und ohne Kraft geht, und wieder zurück in die Ausgangsposition. Nimm wahr, wie sich Deine Brust öffnet. Was macht Dein Kopf? Lass zu, dass er sich sanft mit nach hinten bewegt.

- Nimm erneut wahr, wie Du atmest. Wann atmest Du in der Bewegung ein, wann atmest Du in der Bewegung aus? Lass zu, dass sich mit dem Einatmen Deine Bauchdecke hebt. Wähle den Atemrhythmus, der sich leichter anfühlt. Wiederhole auch diese Bewegung einige Male.

- Im nächsten Schritt verbindest Du die Vorwärts- und die Rückwärtsbewegung, sodass ein kompletter Flügelschlag entsteht. Schöpfe dabei den vollen Bewegungsspielraum nach vorne und nach hinten aus – möglichst ohne Krafteinsatz.

- Wie atmest Du jetzt? Welcher Atemrhythmus fühlt sich für Dich leichter an? Führe diesen vollen Flügelschlag durch, solange es Dir Freude macht.

- Beende diese Bewegung und lege Deine Hände locker auf Deinen Oberschenkeln ab. Halte inne und spüre nach: Wie fühlt sich Dein Kopf, Dein Nacken, Dein Brustkorb an? Welche Gedanken und Gefühle sind präsent?

***Phase 3 (3 Minuten)***
Bitte notiere Deine Gedanken, Gefühle, Empfindungen und Wahrnehmungen zu der folgenden Frage: *Wie nimmst Du Deine körperliche Schreibhaltung in diesem Moment wahr?*

Abschließend ist es spannend, die Notizen, die Du vor der Door-Opener-Übung gemacht hast, mit den Notizen zu vergleichen, die Du danach gemacht hast. Viele unserer Kursteilnehmenden haben berichtet, dass die Door-Opener-Übung nicht nur die Körperhaltung verändert, sondern auch die Geisteshaltung. Was sagst Du dazu? Kannst Du jetzt leichter beobachten, was Du beim Schreiben bewusst und achtsam ausdrücken möchtest?

In seinem Buch »Einsichts-Dialog« hat der amerikanische Meditationslehrer Gregory Kramer eine Beschreibung gegeben, die sich auf die achtsame Geisteshaltung beim Schreibprozess anwenden lässt. Er benennt sechs Leitaspekte: innehalten, entspannen, öffnen, dem Entstehen vertrauen, tief zuhören, die Wahrheit ausdrücken.

1. Innehalten bedeutet aus dem gewohnheitsmäßigen »Schreibkarussell« auszusteigen. Du kommst zur Ruhe und beobachtest mit Neugier: Welche Gedanken habe ich gerade? Welche Gefühle? Was spüre ich in meinem Körper? Was ist der Anlass zu schreiben? Ist es jetzt gerade an der Zeit, etwas zu schreiben?

2. Auf Innehalten folgt Entspannen. Anspannungen und Verkrampfungsmuster, die beim Schreiben auftreten, werden wahrgenommen und können vielleicht losgelassen werden.

3. Beim Öffnen weitet sich die Aufmerksamkeit auf die Außenwelt aus. Was nehme ich in diesem Raum in diesem Augenblick wahr? Was löst das in mir aus? Welche neuen Impulse erlebe ich?

4. Die drei Aspekte – Innehalten, Entspannen, Öffnen – bilden die Basis für den nächsten Schritt im achtsamen Schreibprozess: dem Entstehen vertrauen. Wenn Du Dich davon löst, den Text kontrollieren zu wollen, Dir selbst gesetzte Grenzen bewusst machst und offen für Veränderungen bist, kann das Schreiben sich entfalten. Es ist vollkommen okay, wenn Du an dieser Stelle noch nicht weißt, was entstehen wird. Das leere Blatt und der leere Screen sind Möglichkeitsräume.

5. Wenn du nun tiefer in Dich hineinhörst, gehst Du dem genauer auf den Grund: Was geschieht in mir? Was nehme ich wahr? Treten vielleicht neue Gedanken, Gefühle und Empfindungen auf?

6. Was Du von dem, was sich im Verlauf bis hierher gezeigt hat, textlich ausdrücken möchtest, entscheidest Du bewusst im letzten Schritt: die Wahrheit ausdrücken. Was möchtest Du mitteilen in diesem Moment? Was ist der Situation gemäß? Du kannst die Dinge so ausdrücken, wie Du sie tatsächlich empfindest – authentisch, freundlich, ohne Druck. Welche Gedanken, Gefühle, Empfindungen und Wahrnehmungen möchtest Du verschriftlichen? Was ist Dir wirklich wichtig? Dafür benutzt Du die Worte, die Dir in diesem Moment angemessen und hilfreich erscheinen.

Nun haben wir Dir Übungen für die Körperhaltung und für die Geisteshaltung beim Schreiben an die Hand gegeben. Sie unterstützen sich wechselseitig.

Wir wünschen Dir damit achtsame Momente im alltäglichen Schreiben! Ob beim Verfassen eines Konzepts, einer Bewerbung oder einer E-Mail. Vielleicht magst Du das achtsame Schreiben auch zur Ideenfindung nutzen. Oder um einen kreativen Text zu erstellen, der sich an keiner konkreten Frage orientiert – indem Du einfach erkundest, was spontan geschrieben werden will. Und natürlich bietet es sich an, das achtsame Schreiben einzusetzen, um ein Tagebuch zu führen — vielleicht sogar über Deine persönlichen Erfahrungen mit den Übungen dieses Buchs.

**PERSÖNLICHE STORY**

**Wie ein Journalist beim achtsamen Buch-Schreiben mitwirkte**

»Ende 2020 entstand die Idee zu diesem Buch. Mike rief mich damals an und fragte, ob ich mir vorstellen könnte, ihn mit meinem Hintergrund als Kommunikationswissenschaftler und Journalist dabei zu unterstützen. Zu diesem Zeitpunkt hatte ich mich bereits intensiv mit Achtsamkeitspraxis auseinandergesetzt, sowohl privat als auch beruflich. Ein Buch gemeinsam verfassen, das all diese Übungen und die persönlichen Hintergründe zur Entstehungsgeschichte für jeden Menschen zugänglich machen kann? – Ich konnte es mir noch nicht richtig vorstellen, aber ich hatte große Lust, mit den dreien auf diese Entdeckungsreise zu gehen und herauszufinden, was am Ende dabei herauskommen kann.

Ganze 2,5 Jahre lang haben wir uns daraufhin jede Woche per Zoom getroffen und unsere Ideen, Empfindungen und Wahrnehmungen mitgeteilt, einander intensiv zugehört, diskutiert, geschrieben, redigiert. Und zwischen diesen Treffen immer weiter gearbeitet am Textkörper. Ein intensiver gemeinsamer Prozess, der uns – wir nennen uns seitdem humorvoll das A-Team – zusammengeschweißt hat.

Dabei haben wir auch alle Leitaspekte des achtsamen Schreibens durchlebt. Immer wieder aufs Neue haben wir dem Entstehen vertraut, bis schließlich dieser Schlüsselbund der Achtsamkeiten mit den Übungskapiteln, all den persönlichen Geschichten und Hintergrundinformationen und den vielfältigen Illustrationen von Julia entstanden ist.

Dieser Prozess war für mich eine neue Erfahrung – eine sehr herausfordernde und gleichzeitig sehr bereichernde, für die ich von Herzen dankbar bin. Denn ich weiß aus

fast 20 Jahren Berufserfahrung in Redaktionen, Agenturen und Unternehmenskommunikations-Abteilungen sehr gut, was unachtsames Schreiben, und noch mehr, was unachtsames Kommunizieren bedeuten. Wenn unter wirtschaftlichem Druck in begrenzter Zeit mit begrenzten Mitteln eine intellektuell anspruchsvolle Arbeit geleistet werden muss, während gleichzeitig die Informationsflut zunimmt. Wichtige Ziele der journalistischen Arbeit – tiefgehend recherchieren, ausgewogen informieren und aufklären – sind meinem Empfinden nach dadurch schwerer zu erreichen als früher.

Das kann auch dazu führen, dass Berichterstattung polarisierender wird und das Katastrophisierende anstatt das Lösungsorientierte in den Vordergrund tritt. Und wenn Menschen in jeglicher Hinsicht »abschalten« bei Nachrichten, weil sie sich dadurch überfordert fühlen, kann ich das gut nachvollziehen. Wenn man sich vor Augen führt, dass Journalismus eine aufklärende Funktion in der Gesellschaft hat und einen wichtigen Pfeiler für die Demokratie darstellt, ist das bedenklich.

Es geht aber auch anders, genau wie in diesem Buch. Ich bin überzeugt davon, dass ein achtsamer Journalismus möglich ist, wie auch immer mehr neue Formate am Markt – von Magazinen bis hin zu Podcasts – zeigen. Ein Journalismus, bei dem ausgewogener recherchiert, lösungsorientierter berichtet, nicht mit der Angst der Menschen gespielt wird. Ein Journalismus, der feinfühlig differenziert: Was sind die Fakten? Was sind die damit verbundenen Gedanken? Und welche Gefühle können dadurch ausgelöst werden?

Das Ergebnis, da bin ich mir sicher, würden auch Nachrichten sein, die weniger Menschen deprimieren und davon abhalten, sich über das Weltgeschehen zu informieren.«

***Thomas***

## 5. NICHT DER WEG IST DAS ZIEL: DAS ACHTSAME GEHEN

Wenn Du im Alltag gehst, hast Du meistens ein Ziel vor Augen: Deine Arbeitsstätte, den Supermarkt oder die Bushaltestelle zum Beispiel. Auf dem Weg dorthin achtest Du normalerweise nicht darauf, wie sich Dein Körper fortbewegt und wie sich das genau anfühlt. Das Gehen läuft automatisch ab. Dieser vermeintlich selbstverständliche Prozess kann ein wertvoller individueller Schlüssel für Dich werden. Zu diesem Zweck richtest Du Deine Aufmerksamkeit auf das Gehen – und kannst dadurch präsent im Augenblick sein, Schritt für Schritt. Deine Füße, Deine Beine oder auch Dein ganzer Körper in Bewegung sind im Fokus, nicht der Weg.

Als formale Übung dauert unsere Gehmeditation rund 20 Minuten. Praktisch kannst Du sie überall durchführen, drinnen und draußen. Weil Du am Anfang dabei eher etwas langsamer gehst, kann es vorteilhaft sein, diese Übung in einem geschützten Raum wie Deinem Zuhause durchzuführen. Oder an einem Ort in der Natur, wo Du ungestört bist. Die anderen Menschen können ja nicht wissen, was Du da gerade machst.

Das achtsame Gehen kannst Du später in normaler Geschwindigkeit auch auf Deinen gewohnten Wegen praktizieren. Mit dem Unterschied, dass Du bei jedem Schritt Deine Sinne auf den sich bewegenden Körper richtest und so das Gehen bewusster wahrnimmst als sonst. Vermutlich werden Dir dabei neue Dinge an Dir auffallen, die Du vorher noch nicht wahrgenommen hast.

Weil sich die Gehmeditation einfach in den Alltag einbauen lässt, ist sie vor allem von den Vertreter:innen des sogenannten »engagierten Buddhismus«, also von weltoffenen und gesellschaftlich aktiven Meditationslehrer:innen, gezielt genutzt worden. Heute ist es insbesondere die Schule des weltberühmten Zen-Meisters, Schriftstellers und Friedensaktivisten Thich Nhat Hanh (1926–2022), in der das bewusste Gehen systematisch und zugleich spielerisch mit freudigem Elan gepflegt wird.

Bist Du bereit, das Gehen neu zu entdecken?

**Und so geht's:**
Für das achtsame Gehen suchst Du Dir einen ruhigen Ort mit ausreichend Bewegungsfreiheit. Das kann in den eigenen vier Wänden sein oder auch im Freien, zum Beispiel auf einer Wiese. Zieh Deine Schuhe aus und, wenn Du magst, auch Deine Socken (sofern es die Temperatur erlaubt). So kannst Du den Boden unter den Fußsohlen noch intensiver spüren. Um sich auf das Gehen besser einlassen zu können, ist es hilfreich, zu Beginn die Augen zu schließen. Wie bei allen anderen Meditationsformen gilt auch hier: Wenn Gedanken, Bilder und Gefühle auftauchen, nimm diese wohlwollend und freundlich wahr – und kehre mit Deiner Aufmerksamkeit zum gehenden Körper zurück.

- Zunächst stehst Du hüftbreit, Deine Schultern sind entspannt und Deine Arme liegen locker seitlich am Rumpf. Nimm in diesem stehenden Zustand wahr, wie der Körper sein Gewicht über die Fußsohlen an den Boden abgibt. Pendle leicht mit dem Oberkörper nach vorne und hinten und finde so ganz natürlich Dein Gleichgewicht.

- Dann verlagerst Du langsam das Gewicht auf den linken Fuß und Dein rechter Fuß löst sich vom Boden. Von der Ferse, ganz langsam über den Fußballen bis schließlich zu den Zehenspitzen. Du verweilst kurz im linksseitigen Ein-Bein-Stand. Richte Deine Aufmerksamkeit auf Dein Fußgelenk, wie es diese Haltung ausbalanciert. Und auf Dein Standbein, in dem sich sämtliche Muskeln zum Stabilisieren anspannen.

- Nun setzt Du den rechten Fuß gemächlich ab. Mit der Ferse zuerst, dann rollst Du – Zentimeter für Zentimeter – über Deine Fußsohle ab, bis sie komplett den Boden berührt. Spüre den Boden und nimm wahr, wie Dein Gewicht über die Fußsohle an die Erde weitergegeben wird. Jetzt löst sich der linke Fuß vom Boden. Ganz langsam rollt er sich wie eben sein rechter Nachbar über die Ferse, den Ballen und dann die Zehen ab, bis nur noch die Zehenspitzen Kontakt mit dem Untergrund haben. Und ihn schließlich verlassen.

- Diesen Prozess wiederholst Du in Deinem eigenen Tempo. Das Anheben eines Fußes, das Bewegen, das Absetzen und das Verlagern des gesamten Körpergewichts dabei. Du fühlst, welche körperlichen Werkzeuge Du im Zusammenspiel einsetzt, um zu »gehen«. Genau betrachtet ist es nämlich ein Wunderwerk der Natur, das wir da ganz selbstverständlich jeden Tag vollbringen.

- Du kannst Deine Aufmerksamkeit währenddessen auf verschiedene Körperteile richten – mal auf Deine Fußsohlen, mal auf Deine Unterschenkel oder mal auf Deine Knie. Bleibe ruhig auch zwischendurch länger stehen, um zu spüren, wie sich Dein gesamter Körper anfühlt. Gerne kannst Du Dich auch zwischendurch auf den Atem fokussieren, bevor Du wieder weitergehst.

- Die Augen kannst Du natürlich auch öffnen während dieser Übung. Dein Blick ist dann sanft ein paar Meter nach vorn gerichtet, nicht auf die Füße, denn die »wissen« selbst, was sie tun. Auch wenn die Augen geöffnet sind, ist Deine Aufmerksamkeit nach innen gewandt, denn Du befindest Dich in einer dynamischen Meditation. Probiere es einfach aus, welchen Unterschied es für Dich macht, die Augen zu öffnen oder zu schließen.

Du merkst schon: Bei der Gehmeditation hast Du viele Variationsmöglichkeiten. Du kannst auch verschiedene Geschwindigkeiten ausprobieren. Wenn Du schnell gehst, kann Dir das Atmen als Aufmerksamkeitsstütze dienen. Wenn Du Deinen Atemrhythmus mit Deiner Schrittfolge synchronisierst, erleichtert Dir dies das schnelle achtsame Gehen. Zum Beispiel machst Du zwei Schritte und atmest dabei ein, machst zwei weitere Schritte und atmest dabei aus und so weiter.

Du kannst auch mal versuchen, rückwärts zu gehen. Oder vor und zurück im Wechsel. Oder auch im Kreis gehen. Du kannst ebenso den sogenannten Ballengang erforschen, indem Du beim Auftreten den Boden zuerst mit dem Ballen berührst und erst danach die Ferse absetzt – wie verändern sich dadurch Deine Körperhaltung, Deine Balance und Dein Gefühl für den Boden? Deine Arme kannst Du in verschiedener Intensität schwingen lassen und sie beim Gehen beobachten. Experimentiere einfach ein bisschen und schau mit Neugier und Mitgefühl, was Du herausfindest.

Besonders spannend ist es, wenn Du nach einer Gehmeditation wieder Dein alltägliches Gehtempo aufnimmst. Was macht das mit Dir? Hat sich Dein Bewusstsein für Deine vermeintlich so selbstverständliche Art und Weise des Gehens verändert?

Egal wie Du das achtsame Gehen erkundest und ausführst: Es geht nicht um ein bestimmtes Ziel, sondern um Dein individuelles Gehen im Raum. Im Alltag hast Du jederzeit die Möglichkeit es einzubauen. Zum Beispiel im Büro, wenn Du in die Kaffeeküche gehst, bei einem kleinen Spaziergang draußen während der Mittagspause oder auch zuhause, wenn Du von einem Zimmer in ein anderes gehst. Schritt für Schritt.

*»Das achtsame Gehen lädt mich immer wieder dazu ein, mich selbst, meinen eigenen Körper und auch die mich umgebende Umwelt bewusst wahrzunehmen und damit Schritt für Schritt zur Besinnung zu kommen.«* Reyk

**Erfahrungen unserer Kursteilnehmenden**

*»Ich habe es sehr genossen, rauszugehen in die Natur, weil ich mich in der Stadt nicht so konzentrieren kann – da denke ich: Was machen die anderen Leute, kommt eine Straßenbahn oder so etwas. Ich hatte Schwierigkeiten dranzubleiben, aber das war gar nicht schlimm, denn dann habe ich gedacht: Ach, meine Gedanken sind gerade wieder woanders!«*

*»Je mehr ich mich darauf konzentriert habe, wo mein Gleichgewicht ist und was meine Füße machen, desto mehr habe ich den Untergrund unter meinen Schuhsohlen gespürt, jedes kleine Steinchen. Es hat mir sehr gutgetan und es fällt mir leichter als der Body Scan, weil ich mich hier bewegen kann.«*

*»In den ersten paar Momenten hatte ich das Gefühl, ich falle gleich um, weil meine Beine nicht damit klarkommen, dass ich mich auf das Laufen fokussiere. Oder ich hatte das Gefühl, dass sie sich verknoten. Das zeigt einfach, wie automatisch unser Körper so läuft.«*

*»Mir fällt das achtsame Gehen schwerer, je schneller ich gehe.«*

*»Meine Füße kamen mir immer extrem groß vor und meine Beine extrem lang und dünn. Ich glaube, das liegt daran, dass man im Kopf ganz anders wahrnimmt, welche Kräfte am Körper zehren.«*

## 6. DER KLASSIKER: DAS ACHTSAME SITZEN

Bisher hast Du gelernt, wie man im Liegen, im Gehen, im Stehen, beim Schreiben oder in der Bewegung meditieren kann. Letztendlich geht es bei all diesen Formen um dasselbe: das bewusste, nicht wertende Wahrnehmen von dem, was ist. Das gilt auch für das achtsame Sitzen, den Klassiker unter den formalen Meditationspraktiken. Diese individuelle Übung ist eine uralte, kulturübergreifende Tradition. Im Buddhismus ist sie perfektioniert worden. Von Vertreter:innen des Zen-Buddhismus wird häufig »das Sitzen« sogar als Synonym für »das Meditieren« verwendet.

Im Gegensatz zum alltäglichen, unbewussten Sitzen zeichnet sich das achtsame Sitzen durch eine bewusst aufrechte, stabile und zugleich entspannte Sitzhaltung aus. Diese äußere Haltung hilft Dir dabei, auch eine entsprechende innere Haltung einzunehmen: Würde, Selbstachtung, Freundlichkeit und Mitgefühl Dir selbst und der Welt gegenüber. Vor allem der Atem als ständiger Begleiter kann ein wertvoller Anker während der Sitzmeditation sein. Du kannst Dich aber auch anderen Bewusstseinsinhalten mit Neugier zuwenden – Deinen Gedanken, Deinen Gefühlen oder Deinen Sinneswahrnehmungen zum Beispiel. Um dann wieder zum Atem und zu den Körperempfindungen zurückzukehren. Für das achtsame Sitzen brauchst Du einen möglichst ruhigen Ort, etwas Zeit und eine Sitzhaltung, die für Dich angenehm ist.

Wenn Du mal bewusst darauf achtest, wirst Du feststellen, dass es in Zeitungen, Zeitschriften, Werbebroschüren und Büchern, im Fernsehen und im Internet viele Bilder von auf dem Boden sitzenden Menschen gibt, die meditieren. Nachdem Du die nächsten Absätze gelesen hast, wirst Du mit einem neuen Blick auf diese Bilder schauen. In den meisten Fällen wird dabei die Sitzhaltung des sogenannten »Schneidersitzes« in einer Weise dargestellt, die für die Sitzmeditation eher hinderlich ist. Aber schau jetzt erstmal, wie es weitergeht.

**FINDE DEINE PASSENDE SITZHALTUNG**

Je nachdem, wie beweglich Du bist, kannst Du aus einem breiten Spektrum von Sitzmöglichkeiten wählen. Probiere am besten mal ganz in Ruhe aus, welche Sitzvarianten Du über einen bestimmten Zeitraum einnehmen möchtest. Im Folgenden fangen wir mit der einfachsten Variante auf einem Hocker oder Stuhl an. Die darauffolgenden Varianten sind dann sukzessive immer ein bisschen anspruchsvoller.

**Und so geht's:**

**HOCKER/STUHL**

Auf einem Hocker oder Stuhl kannst Du bequem meditieren. Dabei ist zum einen wichtig, dass beide Füße flach auf dem Boden stehen. Zum anderen unterstützt es Deine meditative Körperhaltung, wenn Du Dich nicht anlehnst, sondern an den vorderen Bereich des Hockers bzw. Stuhls rückst. So kippt das Becken leicht nach vorne, was für eine natürliche Aufrichtung der Wirbelsäule sorgt. Dein Gewicht gibst Du über die beiden

Sitzhöcker und die Fußsohlen gleichmäßig an die Sitzfläche und an den Boden ab.

### MEDITATIONSBÄNKCHEN

Eine etwas niedrigere Sitzhöhe als ein Hocker oder Stuhl hat das Meditationsbänkchen. Dieses nutzt Du ganz ähnlich wie ein hochgestelltes Meditationskissen, das wir Dir gleich noch vorstellen. Solche Bänkchen gibt es in verschiedenen Höhen. Sie haben eine leicht abgeschrägte Sitzfläche, so dass Du beide Knie leichter auf dem Boden ablegen und Dein Körpergewicht verteilen kannst, was für Stabilität sorgt.

### MEDITATIONSKISSEN AUF DEM BODEN

Im Folgenden zeigen wir Dir verschiedene Möglichkeiten, wie Du Dich auf dem Meditationskissen positionieren kannst, wenn Du auf dem Boden sitzt.

### JAPANISCHE SITZHALTUNG

Dabei handelt es sich um eine Variante des Fersensitzes. Nur liegt Dein Gewicht nicht (wie beim normalen Fersensitz) auf den Fersen, sondern auf dem Meditationskissen, das Du zwischen Deine Beine legst. Damit Du höher sitzt, stellst Du das Kissen am besten hochkant oder benutzt, sofern vorhanden, ein höheres Meditationskissen. Deine Knie sind bei der japanischen Sitzhaltung nicht ganz parallel, sondern zeigen leicht nach außen.

### BURMESISCHE SITZHALTUNG

Sie ist die einfachste Art des Lotussitzes. Die Ferse eines Beines wird dabei an den Körper herangezogen und das andere Bein locker davorgelegt. Es ist egal, welches Bein Du für welche Position wählst – probiere aus, was sich besser anfühlt. Die Stabilität bei der burmesischen Haltung erhöhst Du, wenn Deine Knie und Unterschenkel auch den Boden berühren. Das ist wichtig. Denn so entsteht eine stabile Grundlage für das Becken und den Oberkörper. Dann kann sich die Wirbelsäule vom Becken her aufrichten und wie ein innerer Turm für eine lockere und zugleich gerade und würdevolle Sitzposition sorgen. Das erreichst Du am besten, indem Du nicht mittig auf dem Kissen sitzt, sondern ein bisschen weiter vorne. Aus dem gleichen Grund kann es hilfreich sein, das Meditationskissen etwas schräg nach vorn auszurichten. Bitte achte auch darauf, dass es eine Höhe hat, bei der Du die Knie und die Unterschenkel leicht auf dem Boden ablegen kannst.

**LOTUSSITZ: HALBER UND VOLLER LOTUS**

Wenn Du sehr gelenkig bist, kannst Du ausgehend von der burmesischen Haltung auch den sogenannten »halben Lotussitz« ausprobieren. Dabei platzierst Du den weiter vorne liegenden Unterschenkel vorsichtig etwas höher, indem Du dessen Fuß auf den gegenüberliegenden Oberschenkel ablegst. Der Druck auf die Beine erhöht sich dadurch etwas, gleichzeitig aber auch die Stabilität Deiner Haltung insgesamt. Wenn Du den halben Lotussitz mit Leichtigkeit umsetzen kannst, magst Du Dich vielleicht auch an den »vollen Lotussitz« herantasten: Dabei ziehst Du auch den zweiten Unterschenkel etwas weiter hoch, indem Du dessen Fuß auf den gegenüberliegenden Oberschenkel ablegst. So, dass sich beide Füße kreuzen und die Fußsohlen nach oben zeigen.

**ACHTSAMES SITZEN**

Bei allen Sitzmöglichkeiten ist die Haltung des Oberkörpers dieselbe: aufgerichtet und gerade, die Schultern locker. Deine Beine sind entspannt und leicht geöffnet. Deine natürliche Körpermitte kannst Du finden, indem Du Deinen Oberkörper vor Meditationsbeginn leicht kreisen und schließlich auspendeln lässt für ein paar Sekunden. In Verlängerung Deiner Wirbelsäule balanciert sich Dein Kopf aus, das Kinn weist leicht in Richtung Brustraum, Dein Nacken ist entspannt.

Deine Augen kannst Du während der Sitzmeditation schließen oder den Blick auf dem Boden vor Dir ablegen. Dein Mund ist geschlossen, Dein Kiefer locker und

Deine Zunge liegt entspannt hinter Deinen Schneidezähnen. Deine Hände kannst Du entspannt auf den Oberschenkeln ablegen. Oder Du legst sie vor Deinem Bauchnabel ineinander, wobei sich die beiden Daumenspitzen ganz sanft berühren.

Welche Sitzposition für Dich am angenehmsten ist, kann sich im Zeitverlauf ändern. Probiere dann gerne eine neue Position aus und erkunde, wie sie Deine Praxis unterstützen kann. Taste Dich mit Neugier und Mitgefühl heran! Wichtig ist: Beim Meditieren kommt es vor allem auf die innere Haltung an, die äußere Sitzhaltung ist nur eine Unterstützung.

**Und so geht's:**
Suche Dir einen Ort, an dem Du das achtsame Sitzen ungestört durchführen kannst. Lege die dafür nötigen Utensilien bereit und achte darauf, dass Du warm genug und bequem gekleidet bist. Du kannst Dir ein bestimmtes Zeitfenster, zum Beispiel 15, 20 oder 30 Minuten, setzen und dafür auch eine Uhr mit Weckfunktion nutzen, um Dich voll auf die Meditation zu konzentrieren. Begib Dich schließlich in die für Dich passende Sitzhaltung.

- Komm zunächst mit der Aufmerksamkeit in Deinen Körper und nimm die Empfindungen an verschiedenen Stellen wahr. An den Sitzhöckern zum Beispiel, an den Knien oder am Nacken.

- Wende Dich nach einer kleinen Weile mit Offenheit und freundlichem Interesse Deinem Atem zu. Welche Körperempfindungen entdeckst Du beim Ein- und Ausatmen? Beobachte zum Beispiel das Heben und Senken der Bauchdecke oder die Berührung der Luft in der Nase. Wähle die Stelle aus, wo Du Deinen Atem besonders gut spürst, und verweile mit Deiner Aufmerksamkeit dort.

- Dass Gedanken auftauchen, ist vollkommen normal. Sie sind aber nur geistige Aktivitäten von begrenzter Dauer. Wie vorbeiziehende Wolken kannst Du sie aufmerksam wahrnehmen und wieder zum Atem zurückkehren. Zu der Stelle, wo Du den Atem besonders gut spüren kannst. Diese Stelle ist Dein Anker.

- Während Du im Sitzen verweilst, können Dich auch Sinneswahrnehmungen wie zum Beispiel Geräusche oder ein

Kribbeln im Fuß ablenken. Bemerke auch dies, ohne es zu bewerten, um dann zum Atem zurückzukehren.

- Auch Gefühle, die Dich beschäftigen, können auftauchen. Nimm diese freundlich wahr, ohne Dich von Ihnen vereinnahmen zu lassen. Genau wie Gedanken sind sie nicht von Dauer und ziehen auch wieder vorüber.

- Kehre wieder zu Deinem Atem zurück und lausche seinem natürlichen Rhythmus von Einatmen und Ausatmen.

- Wenn das Signal des Weckers ertönt, verweile noch ein bisschen in Deiner Sitzposition. Strecke und räkele Dich, wenn Dir danach ist. Und komm langsam wieder in Deiner Umgebung an.

Bevor Du aufstehst, kannst Du ein paar Mal die Hände aneinanderreiben. Auch den Kopf, die Oberschenkel oder den Nierenbereich kannst Du durch sanftes Klopfen oder Streichen im jeweiligen Körperbereich aktivieren. Sollte Dir ein Bein eingeschlafen sein, gibt es ein einfaches Hilfsmittel: Presse für einige Sekunden mit zwei Fingern unterhalb des Knöchels auf das betroffene Bein. Wenn das Taubheitsgefühl verschwunden ist, richte Dich vorsichtig wieder auf.

Gerade anfangs kann es vorkommen, dass Du Unruhe verspürst nach einigen Minuten Sitzmeditation. Das liegt daran, dass Dein Körper und Dein Geist nicht gewohnt sind, in dieser besonderen Haltung bewusst zu verweilen. Das mag zunächst herausfordernd sein, eröffnet Dir aber viele neue Möglichkeiten. Du trainierst nicht nur Aufmerksamkeit und Präsenz, sondern auch Geduld und Gelassenheit sowie Mitgefühl Dir selbst gegenüber. Und hast einen weiteren wertvollen Teil unseres Schlüsselbundes der Achtsamkeiten kennengelernt.

Im Alltag wirst Du nicht immer Utensilien wie ein Sitzkissen oder Meditationsbänkchen parat haben. Das macht aber nichts. Schließlich kannst Du fast überall achtsam sitzen – auf Deinem Bürostuhl, einer Parkbank oder im Zug zum Beispiel.

Viel Spaß beim Experimentieren!

**PERSÖNLICHE STORY**
**Wie die Sitzmeditation Reyk Orientierung gibt in einer Welt im Wandel**

»Der Tod meines Großvaters im Februar 1989 war für mich die erste bewusste Begegnung mit der Endlichkeit des Lebens. Ich war damals 13 Jahre alt und hatte eine sehr enge Beziehung zu meinen Eltern und Großeltern. Es war eine kleine stabile Welt, die mich umgab und die mir inmitten wirtschaftlicher und politischer Unwägbarkeiten in der DDR Liebe, Halt, Offenheit und Orientierung gab. Eine Welt, auf die ich mich verlassen konnte und die mich schätzte, wie ich war. Der Tod meines Großvaters machte mir die Zerbrechlichkeit dieser Welt, aber vor allem auch meine eigene Endlichkeit bewusst und eine Frage begleitet mich seitdem: Was tun mit diesem wertvollen Leben?

Nur ein wenig später begann die ganze gewohnte Welt auseinanderzufallen. Die Montagsdemonstrationen ab dem 4. September 1989 erschütterten das Land, am 9. November 1989 fiel die Berliner Mauer und am 3. Oktober 1990 trat die DDR der Bundesrepublik

Deutschland bei. Als Jugendlicher lebte ich nun in derselben Stadt, aber in einem neuen Land mit neuen Regeln, neuen Herausforderungen und neuen Möglichkeiten. Inmitten von ökonomischem und sozialem Wandel, Unsicherheit und Massenarbeitslosigkeit.

All dies rief geradezu nach Orientierung. Mein Vater schenkte mir in dieser Zeit immer wieder Bücher – zu denen wir dank der Wende nun Zugang hatten. Eines dieser Bücher war »Wege zur Gelassenheit« von Peter Lauster. In diesem Buch beschreibt Lauster die Meditation als Zustand bzw. Ort der Wachheit, der Lebendigkeit und der Lebensfreude. Der Weg nach innen schien mir in Anbetracht der offensichtlichen Zerbrechlichkeit der physischen Orte und Strukturen – selbst ganzer Länder – ein lohnendes Ziel.

Vor allem zur Sitzmeditation und zur Achtsamkeit in Bezug auf den Atem fand ich einen guten Zugang. Mich zentrieren zu können im Sitzen, inmitten dieser Welt zur Besinnung zu kommen, beruhigt mich seitdem enorm und gibt mir eine innere Kraft oder inneren Frieden und Klarheit. Das Sitzen ist für mich persönlich eine der wichtigsten Übungen meiner Achtsamkeitspraxis und immer wieder habe ich erlebt, wie wichtige Entscheidungen in meinem Leben in diesen Momenten der Ruhe wie von selbst fallen und sich einfach genau passend anfühlen. Diese Praxis gibt mir damit automatisch Antworten auf die Frage ›Was soll ich tun?‹. Inmitten einer Welt im Wandel.«

***Reyk***

# 7. FREUNDLICHKEIT PRAKTIZIEREN: DAS ACHTSAME WÜNSCHEN

Von der Atemraumübung und dem Body Scan über das achtsame Sitzen und Gehen bis hin zum Bewegen und Schreiben ging es bisher vor allem darum, das bewusste, nicht wertende Wahrnehmen des Gegenwärtigen zu trainieren. Das achtsame Wünschen geht darüber hinaus, weil es die Zukunft mit einbezieht.

Im Grunde wünschen wir uns alle, glücklich und gesund zu sein, frei von Leiden und Zwängen. Wir wünschen uns, dass wir uns geborgen und sicher fühlen und selbst bestimmen können, was wir tun und lassen. Auch wenn das Wünschen in seiner Zielsetzung über die Gegenwart hinausgeht, ist der Wunsch selbst als Bewusstseinszustand etwas Gegenwärtiges. Etwas, das wir wahrnehmen und trainieren können.

Und genau darum geht es in dieser Übung. Sie hat eine jahrtausendealte Tradition. Bekannt ist sie unter Namen wie Metta-Meditation (pali mettā; Sanskrit maitrī = Freundschaft, Freundlichkeit, Güte) oder Meditation der liebenden Güte. Sie findet sich bereits in den Lehrreden des Buddha. Unsere Variante der Übung nennen wir Freundlichkeitsmeditation oder Praxis des achtsamen Wünschens. Freundlichkeit zu praktizieren bedeutet, mit sich selbst und anderen Lebewesen so umzugehen wie mit einem guten Freund oder einer guten Freundin.

In der folgenden Übung erforschst Du die Verbindung mit Dir selbst sowie mit anderen Menschen und Lebewesen. Diese Verbundenheit kann von Anziehung, aber auch von Ablehnung geprägt und unterschiedlich intensiv sein. Mithilfe des achtsamen Wünschens kannst Du Dir bewusst machen, wie sich die Verbundenheits-Erfahrung auf Dich selbst auswirkt, auf Dein Wahrnehmen, Denken, Fühlen und Handeln.

**Und so geht's:**
Richte Dich auf Deinem Platz ein, wie Du es beim achtsamen Sitzen (Übung 6) gelernt hast. Lass Dir Zeit, den Boden unter Dir zu spüren, die Umgebung wahrzunehmen und Dich mit Dir selbst zu verbinden. Mit dem Atem und anderen Körperempfindungen, mit Wahrnehmungen, Gedanken und Gefühlen. Die Augen kannst Du schließen oder den Blick vor Dir auf dem Boden ablegen.

**VORÜBUNG**
Zunächst startest Du mit einer kleinen Vorübung. Stell Dir dafür vor, dass Dein Herz wie die Sonne in alle Richtungen Wärme ausstrahlt. Tatsächlich pumpt das Herz das Blut in den ganzen Körper, in jedem Moment des Lebens. Ähnlich breitet sich die Wärme des Herzens innerhalb Deines Körpers und in die Welt aus.

**FREUNDLICHKEITSMEDITATION**

Jetzt laden wir Dich dazu ein, mit der Freundlichkeitsmeditation zu beginnen. Sie wird in mehreren aufeinanderfolgenden Schritten durchgeführt.

***Schritt 1:***
***Achtsame Wünsche an Dich selbst***

Es sind die folgenden vier Wünsche, die Du in Stille an Dich selbst richtest:

*Ich wünsche mir, glücklich zu sein.*
*Ich wünsche mir, gesund zu sein.*
*Ich wünsche mir, geborgen und sicher zu sein.*
*Ich wünsche mir, frei und selbstbestimmt zu leben.*

Wiederhole die Wünsche für Dich im Geist und spüre nach jedem Wunsch, den Du für Dich innerlich aussprichst, ob eine gefühlsmäßige Resonanz in Deiner Herzregion entsteht. Das mehrfache innerliche Aussprechen der Sätze und das Nachspüren im Anschluss an jeden einzelnen Satz dauert insgesamt circa 3 Minuten.

Alternativ kannst Du die vier Wünsche auch wie folgt formulieren:

*Möge ich glücklich sein.*
*Möge ich gesund sein.*
*Möge ich geborgen und sicher sein.*
*Möge ich frei und selbstbestimmt leben.*

Die Reihenfolge und die Formulierungen kannst Du nach Deinen Bedürfnissen und Sprachgewohnheiten ändern. Falls es Dir schwerfällt, gute Wünsche an Dich selbst zu richten, beginne mit dem folgenden zweiten Schritt des achtsamen Wünschens und führe den ersten Schritt erst danach durch.

Auch diese Wünsche wiederholst Du mehrfach mit denselben oder ähnlichen Worten für circa 3 Minuten. Spüre nach jedem Wunsch, welche gefühlsmäßige Resonanz in Deiner Herzregion entsteht. Nimm Dir dafür nach jedem einzelnen Satz ausreichend Zeit. Das Nachspüren ist ein wichtiges Element der Übung.

***Schritt 2:***
***Achtsame Wünsche an nahestehende Menschen oder Lebewesen***

Wende nun Deine Aufmerksamkeit Menschen oder Lebewesen zu, die Dir nahestehen, die Dir etwas bedeuten, die Du liebst. Wer erscheint hier vor Deinem inneren Auge? Nimm Dir Zeit und richte dann die guten Wünsche an diese Person bzw. an dieses Lebewesen. Sprich die Sätze in Stille innerlich zu Dir selbst:

*Ich wünsche Dir, glücklich zu sein.*
*Ich wünsche Dir, gesund zu sein.*
*Ich wünsche Dir, geborgen und sicher zu sein.*
*Ich wünsche Dir, frei und selbstbestimmt zu leben.*

***Schritt 3:***
***Achtsame Wünsche an Menschen oder Lebewesen aus Deinem Umfeld***

Erweitere nun den Kreis der Adressat:innen auf Menschen oder Lebewesen, die Du persönlich nicht näher kennst und denen Du neutral gegenüberstehst. Das kann die Person sein, die heute Morgen neben Dir in der Bahn saß. Der Nachbarhund, der Dich jeden Morgen auf dem Weg zur Arbeit durch das Tor anschaut. Eine Arbeitskollegin aus einer anderen Abteilung. Oder eine Person, die zwei Häuser weiter wohnt und die Du manchmal auf der Straße triffst. Beziehe eine solche Person oder ein solches Lebewesen in Deine guten Wünsche ein! Mit folgenden Worten:

*Ich wünsche Dir, glücklich zu sein.*
*Ich wünsche Dir, gesund zu sein.*
*Ich wünsche Dir, geborgen und sicher zu sein.*
*Ich wünsche Dir, frei und selbstbestimmt zu leben.*

Es gibt sicherlich in Deinem Leben auch Menschen, mit denen Du Streit hast oder uneins bist. Vielleicht ist unter ihnen eine Person, mit der Du Dich dennoch in diesem Moment verbunden fühlst. Kannst Du an diese Person dieselben guten Wünsche richten, die Du zuvor Dir selbst, geliebten und neutralen Lebewesen gesendet hast? Wenn das für Dich möglich ist, dann formuliere diese Wünsche. Wenn nicht, ist das auch okay.

***Schritt 4:***
***Achtsame Wünsche an die Welt***
Zum Schluss laden wir Dich ein, Dir die komplette Vielfalt des Lebens auf unserer Erde vorzustellen. All diesen Menschen und Lebewesen kannst Du gute Wünsche senden und Dich dabei einbeziehen:

*Ich wünsche uns allen,*
*dass wir glücklich sind.*
*Ich wünsche uns allen,*
*dass wir gesund sind.*

*Ich wünsche uns allen,*
*dass wir geborgen und sicher sind.*
*Ich wünsche uns allen,*
*dass wir frei und selbstbestimmt leben.*

Verweile am Ende des achtsamen Wünschens noch einige Augenblicke in Stille. Nimm Dich als Teil dieser Welt wahr. Vielleicht ist es Dir möglich, die freundliche Haltung auch über das Ende der Übung hinaus zu bewahren.

Die Freundlichkeitsmeditation ist eine Achtsamkeitsübung, die deutlich werden lässt, wie weit sich die individuelle Praxis in den sozialen und den ökosystemischen Erfahrungsraum hineinbewegen kann. Auch wenn die Praxis keine physische Interaktion mit anderen Menschen oder der Umwelt einschließt, verbindet sie Dich von innen her, d. h. im Bewusstsein bzw. im Geist mit anderen Menschen, Lebewesen und der Erde. Und zwar eindrücklicher und intensiver als Bücher, Radio, Fernsehen oder digitale Medien es vermögen.

Mit etwas Erfahrung kannst Du das achtsame Wünschen auch beim Gehen praktizieren. In der Auswahl, Kombination und der zeitlichen Dauer lässt sich die Übung variieren. So kannst Du zum Beispiel eine halbe Stunde spazieren gehen und währenddessen gute Wünsche an Dich oder an eine geliebte Person richten. Auch während einer Zugfahrt kannst Du Dir einmal länger Zeit nehmen, um allen Lebewesen auf der Welt Gutes zu wünschen.

In Maria Kluges »The Toolbox is You« findet sich ein Zitat von Albert Einstein, das gut zur Freundlichkeitsmeditation passt. Es lautet: »Ein menschliches Wesen ist Teil einer Ganzheit, die wir ›Universum‹ nennen; es ist ein Teil, der in Zeit und Raum begrenzt ist. Es erlebt sich selbst, seine Gedanken und Gefühle als etwas vom Rest Getrenntes – eine Art optische Täuschung des Bewusstseins. Diese Täuschung ist wie ein Gefängnis für uns. Sie beschränkt uns auf unsere persönlichen Wünsche und auf Zuneigung für einige wenige uns nahestehende Personen. Es muss unser Ziel sein, uns aus diesem Gefängnis zu befreien, indem wir unseren Kreis des Mitgefühls ausweiten, um alle lebenden Kreaturen und die Gesamtheit der Natur in ihrer Schönheit zu umarmen.«

> *»Ich praktiziere das achtsame Wünschen jeden Morgen. Meine Frau und die beiden Kinder stehen um 7 Uhr auf und ich ein oder zwei Stunden früher. Zuerst räume ich den Küchentisch auf und mache für alle jeweils ein Glas Zitronenwasser, ein Glas Selleriesaft und einen Heavy-Metal-Detox-Smoothie – als Teil meiner Achtsamkeitspraxis. Danach führe ich achtsame Bewegungsübungen durch und im Anschluss zehn Minuten Freundlichkeitsmeditation im Sitzen auf einem Hocker. Dabei richte ich die guten Wünsche an mich selbst, an alle Familienmitglieder einschließlich der Großeltern, an unsere beiden Hunde und an alle Lebewesen auf der Erde und auf anderen Planeten, wo es Lebewesen gibt.«* Mike

## Erfahrungen unserer Kursteilnehmenden

*»Sich selbst Glück zu wünschen, ist eine Sache, die oft im Alltag vernachlässigt wird. Auch wird man sensibilisiert für das Wohl anderer.«*

*»Mit der Freundlichkeitsmeditation verbinde ich Warmherzigkeit und ein Gefühl von innerer Weite. Sie ist wie ein unsichtbares Verbindungsnetz.«*

*»Nach der Übung hatte ich das Gefühl von Dankbarkeit gegenüber mir, meinen Mitmenschen und meiner Umwelt.«*

*»Das achtsame Wünschen ist etwas, das ich öfter praktiziere. Entweder, wenn ich selbst Energie brauche, oder, wenn ich gerade an jemanden denke, der mir wichtig ist.«*

## 8. BEWEGUNGSIMPULSEN FOLGEN: DER MOVING BODY SCAN

Bei kleineren Kindern kannst Du es in der Regel gut beobachten: Sie drücken ihre körperlichen Bewegungsimpulse spontan und unvermittelt aus. Beim Spielen, beim Toben oder auch einfach nur beim Rumliegen. Ein Arm streckt sich unerwartet, eine Grimasse entsteht im Gesicht, plötzlich springt ein Kind auf. Kinder sind einfach in Bewegung. Der Bewegungsdrang äußert sich ungefiltert, ohne dass darüber nachgedacht wird, wie das Ganze aussieht. Kinder folgen ihren muskulären Impulsen. Im Laufe des Heranwachsens verlernen die meisten Menschen, diese Impulse bewusst wahrzunehmen, bzw. lernen sie, diese zu unterdrücken.

Um Deine Körperimpulse mit Neugier zu erforschen und in einem vertrauten Rahmen wieder für Dich zugänglich zu machen, kann der Moving Body Scan helfen. Diese achte Übung des individuellen Schlüssels lehrt Dich, innezuhalten und bewusst wahrzunehmen, welche Bewegungsimpulse Dein Körper gerade hat. Er kennt nur zwei Zustände: Bewegung und Ruhe.

Im Alltag verwendet der Geist den Körper wie ein Werkzeug, um ein bestimmtes Ziel zu erreichen: zum Beispiel den Kopf drehen, um nach rechts zu blicken, oder den Arm zur Seite strecken, um sich ein Glas Wasser zu nehmen. Es kann spannend sein zu ergründen, wie es ist, diese Beziehung umzudrehen. Im wachen Zustand Deinem Körper die Steuerung zu überlassen, sich ihm anzuvertrauen und ihm keine Befehle zu geben. Was empfindet er gerade, was sind seine muskulären Impulse? Will Dein Körper in Ruhe verweilen oder eine Bewegung ausführen? In welchem Teil Deiner Muskulatur beginnt eine unerwartete Bewegung, wie bahnt sie sich ihren Weg und wo findet sie ihr Ende? Will Dein Körper lieber stehen, liegen oder sitzen?

Finde es heraus! Im Gegensatz zum klassischen Body Scan lenkst Du beim Moving Body Scan nicht mit Deinem Geist durch den Körper, sondern Dein Körper übernimmt die Regie. Muskuläre Impulse stehen im Vordergrund – nicht Gedanken oder Gefühle. Dabei kann Dein Körper eine liegende, sitzende oder stehende Form einnehmen. Lass einen Wechsel aus Ruhe und Bewegung entstehen. Schenke dem Innehalten und Bewegen gleichermaßen Aufmerksamkeit. So kommst Du in Kontakt mit Deinem Körpergefühl, schulst Deine Wahrnehmung und trainierst eine wichtige Fähigkeit: Deine muskuläre Tiefensensibilität, den sechsten Sinn.

Eine wichtige Quelle für den Moving Body Scan ist die auf den ungarischen Tänzer und Choreografen Rudolf von Laban (1879–1958) zurückgehende Tradition des Ausdruckstanzes. Diesen hat später unsere Weggefährtin Arawana Hayashi, die Du bereits im Einleitungskapitel kennengelernt hast, als Embodiment-Technik für Achtsamkeitstrainings in Bildung und Kunst, Wirtschaft und Politik weiterentwickelt – im Rahmen des Social Presencing Theater.

**Und so geht's:**
Begib Dich an einen ruhigen Ort, wo Du den Moving Body Scan ungestört durchführen kannst. Du kannst Dir einen bestimmten Zeitraum, zum Beispiel 10 oder 20 Minuten, als Rahmen setzen. In diesem Fall ist eine Stoppuhr mit Zeitsignal sinnvoll, damit Du Dich besser auf diese Übung konzentrieren kannst. Die Augen kannst Du dabei schließen oder auch offenlassen – was für Dich hilfreicher ist bei der Durchführung. Lege Dich zunächst auf den Boden, Deine Beine und Arme sind locker ausgestreckt.

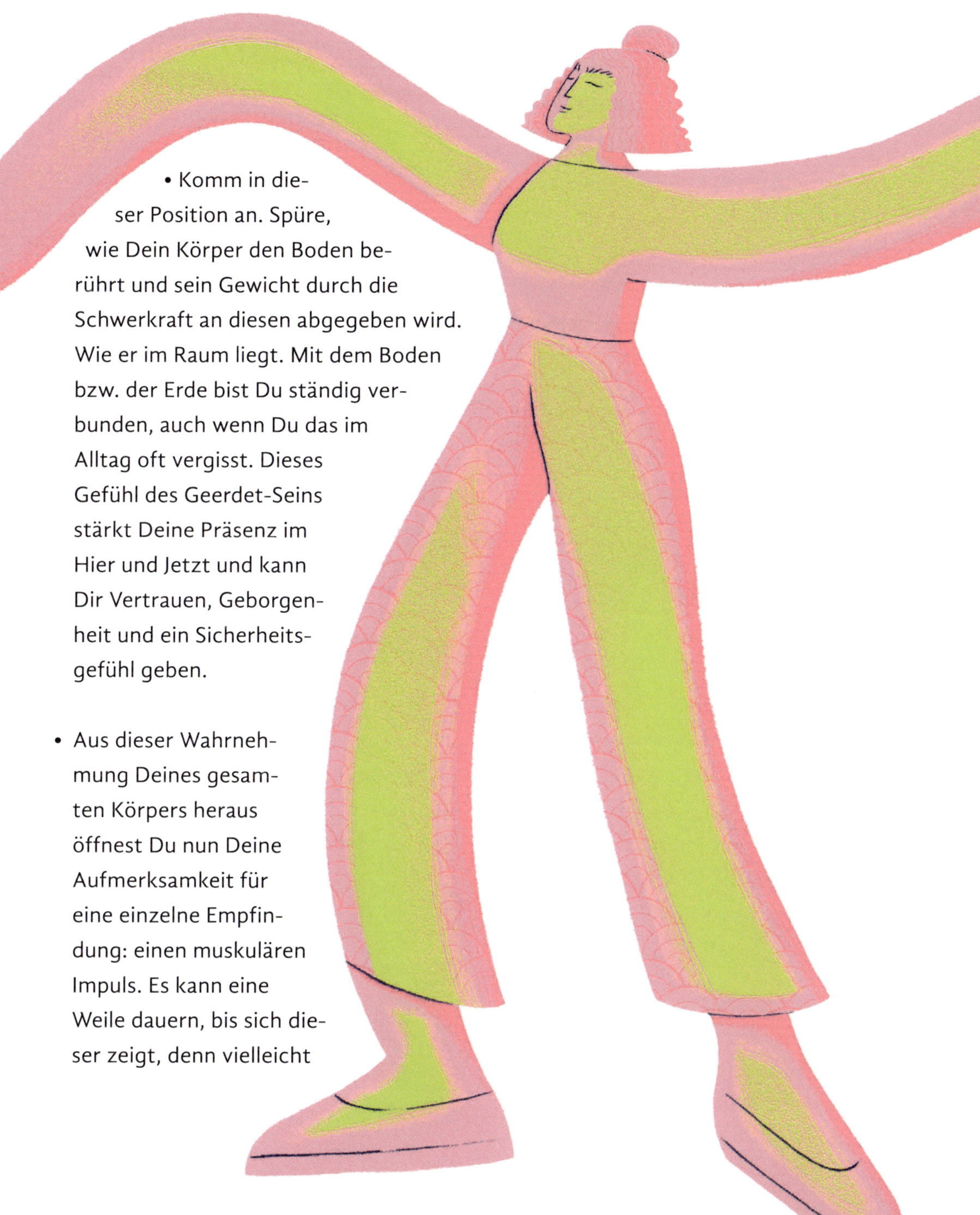

- Komm in dieser Position an. Spüre, wie Dein Körper den Boden berührt und sein Gewicht durch die Schwerkraft an diesen abgegeben wird. Wie er im Raum liegt. Mit dem Boden bzw. der Erde bist Du ständig verbunden, auch wenn Du das im Alltag oft vergisst. Dieses Gefühl des Geerdet-Seins stärkt Deine Präsenz im Hier und Jetzt und kann Dir Vertrauen, Geborgenheit und ein Sicherheitsgefühl geben.

- Aus dieser Wahrnehmung Deines gesamten Körpers heraus öffnest Du nun Deine Aufmerksamkeit für eine einzelne Empfindung: einen muskulären Impuls. Es kann eine Weile dauern, bis sich dieser zeigt, denn vielleicht will Dein Körper erst einmal ruhen. Das ist vollkommen okay – gib ihm die Zeit dafür! Schließlich gibt es nichts zu erreichen und nichts zu kontrollieren bei dieser Übung.

- Wenn sich ein Bewegungsimpuls zeigt – zum Beispiel im Bereich des rechten Schultergelenks oder des linken Knies –, gib diesem nach. Nimm wahr, wie die Bewegung beginnt. Wie sie sich entfaltet. Und wie sie wieder endet und der Körper erneut ruht.

- Es kann sein, dass sich Dein Körper auf dem Boden vom Liegen ins Sitzen bewegt. Auch im Sitzen spürst Du den Bewegungsimpulsen weiter nach. Eventuell geht es von dort weiter ins Stehen. Von wo kommen jetzt die Impulse? Wohin führt Dich Deine Muskulatur? Vielleicht ins Vorwärts-, Rückwärts- oder Seitwärtsbewegen im Raum. Und am Ende womöglich in eine Art Abschlussposition, die Du Dir bewusst machen und innerlich auf Dich wirken lassen kannst.

- Falls Gedanken oder Gefühle auftauchen, dann nimm auch diese wahr und kehre sanft zu Deinem Körper zurück. Sei neugierig, was er als Nächstes tut. Lass Dich überraschen! Immer neue muskuläre Bewegungsimpulse werden sich bei diesem Wechsel aus Ruhe und Bewegung zeigen.

Es kann gut sein, dass diese Übung zunächst ungewohnt für Dich ist. Weil Du aktiv etwas erforschst, was vielleicht lange vernachlässigt wurde: Deine körperliche Intuition. Eventuell führst Du eine Bewegung aus, die vollkommen neu für Dich ist oder an die Du Dich zumindest nicht erinnern kannst. Gerade diese Überraschungsmomente machen den Moving Body Scan so spannend. Möglicherweise kannst Du im Nachhinein auch gar nicht genau sagen, wer die Steuerung während der Übung hatte: Dein Körper, Dein Geist oder beide in Abstimmung. Allein diese Beobachtung ist schon ein achtsamer Moment und stärkt Dein Bewusstsein für das ständige Synchronisieren von Körper und Geist, den sogenannten kinästhetischen Sinn, mit dem Du Deine eigenen Muskeln und Bewegungen wahrnimmst.

Wie bei allen Übungen unseres Schlüsselbundes der Achtsamkeiten wirst Du bei regelmäßiger Praxis feststellen, dass der Ablauf zunehmend vertrauter wird und Du neue Entdeckungen machst. Je nachdem, in welcher körperlichen und seelischen Verfassung Du bist, kann sich der Moving Body Scan von einem auf den anderen Tag auch stark unterscheiden. Dein Körper ist eben ein sehr komplexes und sensibles System mit variierenden Impulsen. Diese wahrzunehmen und gleichzeitig Deine körperliche Intuition zu schulen, kann Dein Leben insgesamt bereichern.

> *»Ich liebe den Moving Body Scan, praktiziere ihn aber nicht täglich, obwohl er mir so guttut. Die Übung hilft mir dabei, das innere Anspannungsgefühl, das ich mehr oder weniger durchgehend im Nackenbereich spüre, etwas zu lockern oder vorübergehend sogar aufzulösen. Während ich diese Zeilen schreibe, wird mir klar, dass ich den Moving Body Scan ab sofort in meine tägliche Morgenpraxis integriere.«* Mike

### Erfahrungen unserer Kursteilnehmenden

*»Mich erinnert der Moving Body Scan sehr an die Momente vorm Einschlafen, wenn man keine ordentliche Schlafposition findet und sich dann herumwälzt und alles Mögliche ausprobiert.«*

*»Ich habe hauptsächlich meinen Nacken bewegt, also meinen Schulterbereich. Bis ich dann irgendwann aufgestanden bin, da kamen noch andere Bewegungen dazu, die sehr untypisch waren.«*

*»Bei meinem ersten Moving Body Scan habe ich ungefähr 5 Minuten auf dem Boden gelegen und mich hin und her gewälzt. Ich habe darüber nachgedacht, was ich als Nächstes mache. Und dann dachte ich: Nein, ich soll ja nicht darüber nachdenken. Dann habe ich einfach gewartet, bis ein Impuls kam – und das hat auch gut funktioniert.«*

*»Eigentlich sollte das leicht sein, denn man muss ja ‚nur' auf sich selbst hören. Ich hatte aber auch das Gefühl, dass ich mich so ein bisschen nach meinem Kopf gerichtet habe. Ich konnte es nicht richtig differenzieren. Auf jeden Fall war auch was von meinem Körper dabei.«*

*»Ich fand es insgesamt ziemlich angenehm, auf meinen Körper zu hören und so fokussiert darauf zu sein, wie er sich bewegen möchte.«*

# ÜBUNGEN FÜR UNS

*Der soziale Schlüssel*

*achtsamkeiten.com*

Unterstützende Materialien zur Durchführung der folgenden Übungen haben wir hier für Dich zusammengestellt.

## 9. ACHTSAMES SPRECHEN UND ZUHÖREN: DIE DYADE

Im digitalen Zeitalter hat sich das menschliche Kommunikationsverhalten grundlegend verändert. Die Nutzung digitaler Kommunikationskanäle nimmt zu, ständig kommen neue Social-Media-Anbieter oder weitere Apps auf den Markt. Die durchschnittliche Aufmerksamkeitsspanne wird bei vielen Menschen immer kürzer, während das Ablenkungspotenzial, etwa durch eingehende oder erwartete Nachrichten, Tweets, Likes, kontinuierlich wächst. Die Konzentration auf das, was im Hier und Jetzt geschieht, fällt schwerer – auch bei einem Gespräch zwischen zwei Menschen.

Wahrscheinlich kennst Du die Situation, dass ein Gesprächspartner auf sein Smartphone schaut, während Du mit ihm sprichst – und dadurch nur halbherzig bei der Sache ist. Dabei ist genau diese Face-to-Face-Kommunikation die Basis für ein gelingendes soziales Miteinander. Für ein achtsames Zusammenleben, das von gegenseitigem Vertrauen und Respekt geprägt ist. Dazu zählen Fähigkeiten wie: sich offen, authentisch und ehrlich äußern können, sich gegenseitig ausreden lassen, in Ruhe zuhören, eigene und fremde Meinungen wahrnehmen und nicht direkt bewerten.

Genau hier setzen wir mit der zweiten Übungsserie unseres Schlüsselbundes der Achtsamkeiten an. Nachdem Du in den vorangehenden Kapiteln beim Liegen, Sitzen, Gehen, Bewegen oder Schreiben das Bewusstsein für Deine eigenen Gefühle, Gedanken, Wahrnehmungen und Körperempfindungen trainiert hast, kommt jetzt auch die soziale Interaktion ins Spiel, bei der Deine Trainingspartner:innen eine wichtige Rolle haben.

Wir starten mit der Dyade. Sie ist eine dialogische Meditation mit bestimmten Regeln. Ein meditativer Austausch zu zweit, bei dem man gemeinsam auch zu neuen Einsichten gelangen kann. Bekannt gemacht hat sie der amerikanische Meditationslehrer Gregory Kramer in seinem »Einsichts-Dialog«, dessen sechs Leitaspekte Du bereits in der Übung zum achtsamen Schreiben kennengelernt hast: innehalten, entspannen, öffnen, dem Entstehen vertrauen, tief zuhören und die Wahrheit ausdrücken.

Systematisch erforscht und wissenschaftlich weiterentwickelt hat die Dyade unsere Weggefährtin Tania Singer – und zwar durch Stärkung von Mitgefühl und Dankbarkeit zur Verminderung von sozialem Stress. Im Ausblick-Kapitel erfährst Du mehr

über ihre bahnbrechende Arbeit und ihre Erkenntnisse als Psychologin und soziale Neurowissenschaftlerin.

Bei der Dyade ist die innere Haltung der beiden Gesprächspartner:innen ausschlaggebend. Sie sind bereit, sich selbst und der anderen Person Aufmerksamkeit zu schenken – ohne sich gegenseitig zu unterbrechen oder das Gesagte sogleich zu interpretieren und zu bewerten. Sie haben dadurch die Möglichkeit, die eigenen und die fremden Gedanken und Gefühle zu einem bestimmten Thema besser zu erforschen und sie offen, authentisch und mit mehr Klarheit wahrzunehmen.

Auf diese Weise schult die Dyade die Aufmerksamkeit in Bezug auf sich selbst, auf den Gesprächsinhalt sowie auf das Gegenüber – und verbessert so auch die Kommunikationsfähigkeit. Sie schafft Vertrauen und Nähe, trainiert die Geduld und kann neue Ideen, Lösungen oder Einsichten hervorbringen. Es kann wohltuend, interessant und überraschend sein, wenn Du Dich mit einer Person Deiner Wahl auf die Dyade einlässt und sie praktizierst. Und Ihr Euch gemeinsam eine Insel der vertrauensvollen, respektvollen und tiefgründigen Kommunikation im (manchmal etwas oberflächlichen) digitalen Zeitalter schafft.

**Und so geht's:**
Damit Ihr Euch ungestört auf diese soziale Achtsamkeitsübung einlassen könnt und eine ruhige Atmosphäre entsteht, sucht Euch ein möglichst geschütztes Umfeld. Das kann drinnen oder draußen sein.

Legt zunächst ein Thema bzw. eine Frage fest, über die Ihr Euch austauschen möchtet. Was auch immer Euch gerade interessiert oder bewegt. Das können Fragen wie die folgenden sein:

- *Wenn ich auf die letzten zwei Tage zurückblicke: Für welche Ereignisse bin ich dankbar?*
- *Wie kann ich meinen Freund:innen nahebringen, was Achtsamkeitsübungen für mich bedeuten?*

Wichtig ist, dass Ihr beide auf dieselbe Frage antwortet. Sinnvoll ist eine Frage, die Euch beide verbindet oder beschäftigt. Dabei geht es nicht nur um den Gesprächsinhalt, sondern auch um das Schulen der eigenen Kommunikationsfähigkeiten und das Erreichen eines tieferen Verständnisses füreinander.

Nun legt Ihr einen Zeitrahmen für die Dyade fest, zum Beispiel 15 Minuten insgesamt. Innerhalb dieses Zeitrahmens gibt es drei Zeitfenster: Im ersten Zeitfenster kann sich Person A mitteilen und Person B hört zu, im darauffolgenden Zeitfenster werden diese Rollen getauscht und im dritten Zeitfenster könnt Ihr Euch ohne die vorher geltenden Regeln, also auf ganz normale Weise, miteinander austauschen.

Wer mit dem Mitteilen und wer mit dem Zuhören anfängt, legt Ihr zuvor fest. Zum Beispiel mit dieser Regel: Wessen Anfangsbuchstabe vom Vornamen weiter vorne im Alphabet liegt, beginnt. Die »Mitteilungszeitfenster« sind für beide Personen gleich groß, also zum Beispiel jeweils 5 Minuten. Die zuhörende Person achtet darauf, dass dieses Zeitfenster eingehalten wird. Das bedeutet, dass die sich mitteilende Person nach 5 Minuten freundlich informiert wird, damit der Wechsel stattfindet.

Für den abschließenden Erfahrungsaustausch ganz am Ende steht ebenfalls ein Zeitfenster von 5 Minuten zur Verfügung. Eine Stoppuhr ist hilfreich, damit das Zeitmanagement nicht zu sehr von der Dyade ablenkt.

**ABLAUF**

- Zunächst erhält Person A die Möglichkeit, ihre Gedanken, Gefühle, Empfindungen und Wahrnehmungen zu der ausgewählten Frage mitzuteilen. Dafür sammelt sie sich, kommt zur Ruhe und richtet den Blick nach innen. Die Augen zu schließen kann dabei hilfreich sein. Alles, was geäußert werden will, kann geäußert werden. Wenn es nichts zu sagen gibt oder Pausen entstehen, ist das vollkommen okay. Das schweigende Nach-innen-Schauen ist Teil der Übung. Person A hat sowohl die Lizenz zu reden als auch die Lizenz zu schweigen. Sie kann sich dabei an den Aspekten des »Einsichts-Dialogs« orientieren: Sie hält inne, sie entspannt sich, sie öffnet sich und vertraut dem Entstehen. Sie hört sich selbst gut zu und, wenn sie möchte, spricht sie das aus, was sie in diesem Moment als passend und angemessen empfindet. Man könnte auch sagen: Person A spricht aus der Stille heraus, von innen her.
- Person B wendet sich während dieser Zeit ihrem Gesprächspartner bzw. ihrer Gesprächspartnerin zu. Sie spricht nicht und kommentiert nicht, sie bewertet das Gesagte auch nicht. Person B kann für einen Moment die Augen schließen, wenn es ihr dabei hilft, besser zuzuhören. Nonverbale Signale wie ein Nicken oder ein Lächeln sind nur schwer zu vermeiden. Achte darauf, wie die Impulse dazu entstehen und wie Du damit umgehst. Aber vermeide es, wenn Du in der Zuhörenden-Rolle bist, zu sprechen! Es geht um nicht kommentierendes Zuhören und Aufmerksam-Sein, wach und präsent.
- Nach der festgelegten Zeit werden die Rollen getauscht. Nun hört Person A aufmerksam zu und Person B schaut nach innen und teilt sich mit.

- Wenn auch dieser Part vorbei ist, könnt Ihr Euch in dem festgelegten Zeitfenster darüber austauschen (also ganz normal interaktiv sprechen und zuhören). Wie habt Ihr diese soziale Achtsamkeitsübung empfunden in der jeweiligen Rolle – bei Euch und auch bei der anderen Person? Was habt Ihr Neues erfahren über Euch, über das Thema und über die andere Person? Was hat Euch vielleicht auch überrascht oder irritiert?

Vor allem, wenn Ihr die Dyade vorher noch nie ausprobiert habt, werdet Ihr sie anfangs vielleicht als anstrengend oder ungewöhnlich empfinden. Es kann schon irritierend sein, minutenlang zuzuhören, ohne zu unterbrechen, zu kommentieren oder Ratschläge zu geben. Probiert Euch daher aus und variiert bei der Durchführung – zum Beispiel mit verschiedenen Zeiträumen und auch verschiedenen Fragestellungen. Je häufiger Ihr die Dyade praktiziert, umso deutlicher werdet Ihr merken, welche neue Qualität von Kommunikation sie hervorbringt und wie sie die eigene Aufmerksamkeit und Geduld schult.

Der Begriff »Einsichts-Dialog« leitet sich daraus ab, dass sowohl die zuhörende als auch die sprechende Person in diesem meditativen Austausch zu neuen Einsichten gelangen können. Die Dyade kann die normale Kommunikation nicht ersetzen, aber bereichern und sogar verändern.

Die Dyade lässt sich flexibel im Alltag einsetzen. Zum Beispiel mit einem Familienmitglied am Frühstückstisch, um so in den Tag zu starten. Oder ganz spontan mit einer Freundin oder einem Freund, nachdem Ihr gemeinsam etwas erlebt habt. Erfolgreich wird sie zum Beispiel auch in der Paartherapie eingesetzt. Die Ehepaare führen dann regelmäßig zu vereinbarten Terminen die Dyade miteinander durch.

**PERSÖNLICHE STORY**

**Wie Dyadentraining für Maria eine neue Welt eröffnet**

»Das Gefühl von Einsamkeit und fehlender oder unzureichender Verbindung mit anderen Menschen und mit der Welt scheint im digitalen Zeitalter zugenommen zu haben. Das nehme ich auch bei meinen Achtsamkeitstrainings an Schulen wahr. Kinder und Jugendliche berichten, dass sie sich oft allein fühlen, aber auch Lehrkräfte leiden darunter. Angst, Stress und Polarisierung zwischen verschiedenen Gruppen spielen dabei ebenso eine Rolle. Während wir über das Internet und die sogenannten Social Media hypervernetzt sind, die Menge an Kontakten also eher zugenommen hat, hat die Tiefe von Kontakten abgenommen. Umso mehr freut es mich, dass es seit kurzem Trainingsprogramme gibt, in deren Zentrum dialogische Meditationspraktiken stehen.

Diese Programme, die vor allem soziale Achtsamkeitspraxis trainieren, hat Tania Singer nach jahrelanger Forschung entwickelt. Ich kenne Tania schon seit vielen Jahren von verschiedenen Achtsamkeitskongressen und bewundere ihr großes Engagement, ihre Klarheit und ihre pionierhaften Errungenschaften für die Neurowissenschaft und für die Mindfulness-Bewegung. Genau wie Reyk und später Hubert und Mike habe ich mich dazu entschlossen, an Tanias Master Class teilzunehmen. Ein weiteres Achtsamkeitsabenteuer für mich mit über 30 Jahren Praxiserfahrung – eins, das mir nochmal eine neue Welt eröffnet hat.

Beeindruckend für mich persönlich ist vor allem, wie Tanias Dyaden-Trainings die Bereitschaft unterstützen, dranzubleiben und sich Zeit für sich selbst zu nehmen. Indem ich mich jeden Tag 15 Minuten auf das, was mich bewegt – auch schwierige Gefühle –, fokussiere und gleichzeitig Dankbarkeit kultiviere. Und das nicht allein und in Stille, sondern im intensiven Austausch zu zweit, ohne Ratschläge zu geben oder zu bekommen. Dadurch lerne ich viel Neues über meine eigenen sozialen Muster und entwickle auch mehr Ruhe und Gelassenheit im menschlichen Umgang, weil ich Dinge nicht mehr so persönlich nehme wie vorher.«

***Maria***

**Mehr Informationen zu dem Dyaden-Programm findest Du unter *www.taniasinger.de***

## 10. WAHRNEHMEN UND FEEDBACK GEBEN: DER SOCIAL BODY SCAN

Wie sich Dein Körper im Moment anfühlt, hast Du beim Body Scan und beim Moving Body Scan erforscht – einmal in Ruhe und einmal in Bewegung. Beim Social Body Scan weitest Du Deine Wahrnehmung auf das Miteinander mit anderen Menschen aus – auf Deine Trainingspartner und Trainingspartnerinnen. Dieses spürbare Miteinander nennen wir, in Anlehnung an Arawana Hayashi, »sozialen Körper« bzw. »Social Body«. Zu zweit erleben konntest Du ihn bereits im Rahmen der Dyade. Vielleicht erinnerst Du Dich. Durch das offene, authentische Schweigen-und-sich-äußern-Können seitens der Sprecherin bzw. des Sprechers und die volle Aufmerksamkeit ohne Bewerten und Unterbrechen seitens der Zuhörerin bzw. des Zuhörers entstehen Vertrautheit sowie Nähe und die Beteiligten können zu neuen Einsichten gelangen.

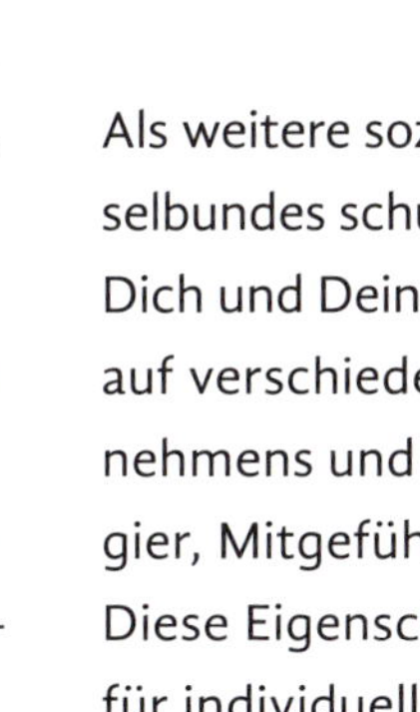

Als weitere soziale Übung unseres Schlüsselbundes schult der Social Body Scan Dich und Deine Trainingspartner:innen auf verschiedenen Ebenen des Wahrnehmens und Feedback-Gebens: Neugier, Mitgefühl und Handlungskraft. Diese Eigenschaften sind grundlegend für individuelle, soziale und kulturelle Veränderungsprozesse, weil sie Geist, Herz und Wille für die Zukunft öffnen.

Auf der ersten Ebene (Neugier) geht es darum, dass Du möglichst unvoreingenommen einer sprechenden Person zuhörst und dabei auf Neues, Überraschendes oder Irritierendes achtest. Später gibst Du dann Feedback über die von Dir wahrgenommenen Neuheiten. Die Ebene Neugier ist etwas anderes, als wenn Du Deine Aufmerksamkeit begrenzt auf das, was Du schon weißt – in dem Fall fühlst Du Dich einfach nur in Deiner Meinung bestätigt und öffnest Dich nicht für Neues.

Auf der zweiten Ebene (Mitgefühl) geht es vor allem um Deine Fähigkeit, Dich in das emotionale Erleben der sprechenden Person einzufühlen. Die Gefühle, die Du bei der anderen Person gespürt hast, teilst Du später beim Feedback mit.

Auf der dritten Ebene (Handlungskraft) nutzt Du Deinen ganzen Körper als Sensor. Mit ihm spürst Du Dich in das Gesagte, in die Atmosphäre und in die ganze Gruppe hinein. Schwingen Handlungsimpulse der sprechenden Person oder der Gruppe mit? Es kann sein, dass Deine Muskeln, Faszien und Zellen mit diesen Impulsen in Resonanz gehen, obwohl sie noch niemandem bewusst sind. Man könnte die dritte Ebene auch schöpferisches Wahrnehmen nennen. Beim Feedback bringt Dein Körper die von ihm auf zellulärer Ebene empfundene Veränderungskraft zum Ausdruck. So gibst Du dieser Kraft einen Raum zum Entfalten und lässt sie sichtbar werden. Genau wie beim Moving Body Scan, der als Vorübung zu dieser dritten Ebene dient, folgst Du dabei den muskulären Bewegungsimpulsen Deines Körpers. Aus dem Nichts entsteht eine Bewegung ohne Worte. Lass Dich überraschen!

Anfangs fällt es Dir vielleicht noch etwas schwer, Dich auf diese nonverbale, fast schon tänzerische Ausdrucksweise einzulassen. Wenn das für Dich noch Übung braucht, ist das völlig okay – in dem Fall kannst Du die wahrgenommenen Handlungsimpulse mit Worten statt in Bewegungen ausdrücken und, wenn Du magst, den Moving Body Scan in Zukunft häufiger praktizieren, damit sich das Vertrauen in Deine eigenen Bewegungsimpulse festigen kann.

**Und so geht's:**
Für den Social Body Scan brauchst Du drei Trainingspartner:innen, also (zusammen mit Dir) insgesamt vier Personen, die bereit sind, diese soziale Übung gemeinsam online oder in Präsenz durchzuführen. Eine:r von Euch übernimmt zusätzlich die Rolle »Timekeeper«, um den zeitlichen Ablauf im Blick zu haben – als Hilfsmittel kann diese Person die »Übersicht für Timekeeper« am Ende des Kapitels nutzen. Eine Möglichkeit wäre auch, dass Ihr die Übung zu fünft durchführt und die fünfte Person die Timekeeper-Rolle übernimmt und keine weiteren Aufgaben hat.

Ziel der Übung ist es, der sprechenden Person in den drei unterschiedlichen Haltungen der Neugier, des Mitgefühls und der Handlungskraft zuzuhören und dann ein Feedback zu geben. Die meditative Grundhaltung der Teilnehmenden entspricht grundsätzlich der Haltung der Dyade – also als Zuhörende:r, Spürende:r und Wahrnehmende:r den Raum halten, nicht unterbrechen oder bewerten und als Sprechende:r die eigenen Gedanken und Gefühle aus der inneren Ruhe und Stille heraus offen und authentisch äußern.

Welches Thema Eure Gruppe während des Social Body Scans erforscht, legt Ihr vorher fest. Dafür formuliert Ihr gemeinsam Fragen, die Euch wichtig sind. Hier ein Beispiel, das sich für einen Austausch im Freundeskreis oder unter Familienmitgliedern eignet:

*Was hast Du dieses Jahr in Deinem Urlaub gemacht? Was hast Du dort erlebt und wahrgenommen und wie hast Du Dich dabei gefühlt? Was wünschst Du Dir für den nächsten Urlaub?*

Alle Teilnehmenden können sich bei Bedarf vor Beginn der Übung Notizen zu diesen Fragen machen. Sie können als Grundlage und Inspiration dienen für das, was später den anderen mitgeteilt wird.

**ABLAUF**

Die Reihenfolge der vier Trainingspartner:innen (Nr. 1 bis 4) bestimmt sich zum Beispiel nach der alphabetischen Reihenfolge der Vornamen. In dem Fall wäre zuerst Beate die sprechende Person, Christoph würde die erste Ebene des Zuhörens mit offenem Geist übernehmen, Michaela die zweite Ebene des Wahrnehmens mit offenem Herzen und Thorsten die dritte Ebene des körperlichen Spürens. Die sprechende Person hält inne, entspannt sich und entscheidet sich dann bewusst, was sie zum Thema mitteilen möchte. Die zuhörenden Personen haben folgende Aufgaben:

- ***Ebene 1 – Neugier:*** Höre mit offenem Geist zu und begegne der erzählenden Person mit Neugier, lass Dich irritieren und überraschen. Was hast Du Neues erfahren?

- ***Ebene 2 – Mitgefühl:*** Spüre Dich mit offenem Herzen in die Gefühle der erzählenden Person hinein. Benenne die Gefühle, die bei Dir angekommen sind. Das kann in einem einzigen Satz geschehen. Hier gilt: Less is more!

- ***Ebene 3 – Handlungskraft:*** Nimm die sprechende Person mit Deinem ganzen Körper wahr. Überlasse das Feedback – wie beim Moving Body Scan – den spontanen Bewegungsimpulsen Deines Körpers. Lass Dich einfach überraschen, welche Bewegungen sichtbar werden. Alternativ kannst Du die erfahrenen Handlungsimpulse auch sprachlich benennen oder gestisch bzw. pantomimisch darstellen.

Die vier Übenden nehmen jede Rolle einmal ein. Wenn Ihr Euch beispielsweise 50 Minuten Zeit nehmt, sähe die Aufteilung so aus: 4 x 10 Minuten für jede Runde plus die letzten 10 Minuten für einen freien Austausch über die Übung und ihren Inhalt.

**SO LÄUFT EIN 50-MINUTEN-SOCIAL-BODY-SCAN AB:**

- Person 1 beginnt und hat ***5 Minuten*** Zeit, in Ruhe in sich hineinzuspüren und sich mitzuteilen. Person 2 hört mit Neugier zu, Person 3 spürt sich in die sprechende Person mit Mitgefühl hinein, Person 4 nimmt die Gesprächssituation mit dem ganzen Körper wahr.

- Dann erfolgen nacheinander drei kurze Rückmeldungen: von der ersten Ebene Neugier, von der zweiten Ebene Mitgefühl, von der dritten Ebene Handlungskraft bzw. Bewegungsimpulse. Ganz kurz, nur ***1 Minute pro Rückmeldung*** – die drei Feedbacks werden nicht kommentiert oder diskutiert.

- Weiter geht es im Wechsel (Person 2 spricht, Person 3 hört mit Mitgefühl, Person 4 hört mit dem ganzen Körper, Person 1 hört mit Neugier zu) usw.

- Jede Person nimmt jede Rolle einmal ein. Bei Bedarf könnt Ihr vor jedem Wechsel eine kleine Pause von etwa 1 Minute machen.

- ***In den letzten 10 Minuten*** tauscht Ihr Eure Erfahrungen aus.

Wir wünschen Euch viel Freude beim gemeinsamen Erforschen Eurer Neugier, Eures Mitgefühls und Eurer Handlungskräfte bzw. Bewegungsimpulse!

## SOCIAL BODY SCAN: ÜBERSICHT FÜR TIMEKEEPER

(auch zum Kopieren oder Abfotografieren)

Name Person 1: ______________________________

Name Person 2: ______________________________

Name Person 3: ______________________________

Name Person 4: ______________________________

**1. Durchgang**

Person 1 ist Erzähler:in (5 Minuten)

Person 2 hört zu mit Neugier, gibt dann 1 Minute Feedback

Person 3 hört zu mit Mitgefühl, gibt dann 1 Minute Feedback

Person 4 hört zu mit Handlungskraft, gibt dann 1 Minute Feedback

ggf. 1 Minute Pause

**2. Durchgang**

Person 2 ist Erzähler:in (5 Minuten)

Person 3 hört zu mit Neugier, gibt dann 1 Minute Feedback

Person 4 hört zu mit Mitgefühl, gibt dann 1 Minute Feedback

Person 1 hört zu mit Handlungskraft, gibt dann 1 Minute Feedback

ggf. 1 Minute Pause

**3. Durchgang**

Person 3 ist Erzähler:in (5 Minuten)

Person 4 hört zu mit Neugier, gibt dann 1 Minute Feedback

Person 1 hört zu mit Mitgefühl, gibt dann 1 Minute Feedback

Person 2 hört zu mit Handlungskraft, gibt dann 1 Minute Feedback

ggf. 1 Minute Pause

**4. Durchgang**

Person 4 ist Erzähler:in (5 Minuten)

Person 1 hört zu mit Neugier, gibt dann 1 Minute Feedback

Person 2 hört zu mit Mitgefühl, gibt dann 1 Minute Feedback

Person 3 hört zu mit Handlungskraft, gibt dann 1 Minute Feedback

ggf. 1 Minute Pause

**5. Austausch** (10 Minuten)

Häufig fallen den Trainingspartner:innen die ersten beiden Ebenen (Neugier, Mitgefühl) leichter. Herausfordernder können anfangs die dritte Ebene (Handlungskraft) und das anschließende Feedback sein. Womöglich ist es eine völlig neue Erfahrung, mit dem ganzen Körper wahrzunehmen und ihm das Feedback zu überlassen. Gerade das macht diese Ebene so spannend, denn hier wird der Schritt von der sozialen Achtsamkeitspraxis hin zu dem vorbereitet, was wir ökosystemische Achtsamkeitspraxis nennen. Um Letztere geht es in der nächsten Übung.

> *»Der Social Body Scan besitzt eine große verbindende Kraft. Ich bin immer wieder aufs Neue überrascht, wie schnell er Menschen, die sich oftmals noch nie zuvor gesehen haben, innerhalb kurzer Zeit auf menschlicher Ebene zusammenbringt. Durch den geteilten Raum des bewussten Schweigens und Sprechens, Zuhörens, Wahrnehmens und Spürens ist die ganze Gruppe nach der Übung eine andere: offen, entspannt, zugewandt und wach. Umsetzen kann man den Social Body Scan in ganz unterschiedlichen Settings – zum Beispiel im Schulunterricht, in Seminaren an Hochschulen oder sogar auf Partys und Festen.«* Reyk

**Erfahrungen unserer Kursteilnehmenden**

*»Es ist toll, einfach so reden zu können und daraufhin so unterschiedliches Feedback zu bekommen – das stärkt einen!«*

*»Ich merkte, wie wertvoll ein konstruktives Feedback sein kann und wie selten wir dieses eigentlich im Laufe unseres Lebens erhalten. Wie oft wir uns nur auf das Herunterladen von Informationen konzentrieren, vielleicht sogar bei den Menschen, die uns am nächsten stehen, weil wir meinen, sie bereits ausreichend zu kennen.«*

*»Beim Social Body Scan ist ein ganz besonderes Gruppengefühl entstanden. Ich fand vor allem die Mitgefühl-Ebene spannend, weil dort das Gesagte teilweise in den Hintergrund gerückt ist und es nicht mehr nur auf den Inhalt ankam.«*

*»Wichtig ist, sich auf ein Thema zu einigen, das alle mittragen.«*

*»Als ich auf der Ebene Handlungskraft zuhörte, hatte ich den Eindruck, dass irgendetwas von der sprechenden Person in mich reingegangen ist und mich das gestärkt hat. Es ging darum, einen Fehlschlag abzuschütteln und nach vorne zu gehen.«*

*»Die Emotionen, die beim Erzählen mittransportiert werden, waren häufig gemischt. Also es gab positive und negative Empfindungen. Zum Beispiel Stress, Müdigkeit und Verzweiflung, aber auch Zuversicht, Entspannung und Entschlossenheit.«*

*»Das Zuhören auf der Ebene Neugier ist allen Teilnehmenden in der Gruppe leichtgefallen, nicht aber die Ebenen Mitgefühl und Handlungskraft. Es fällt auf, dass man beim Zuhören nicht nur mit den Ohren hört, sondern man schaut und spürt: Wie bewegt sich der andere? Welche Gefühle und nonverbalen Signale kommen bei mir an?«*

*»Ich hatte erst ein Problem damit, Gefühle zu erspüren, aber mit mehr Übung ist mir das leichter gefallen.«*

*»Die Ebene Handlungskraft hat anfangs alle sehr herausgefordert. Aber nach ein paar Runden hat sich das geändert. Irgendwie hat die Bewegung alles so zusammengefasst und auf einen Punkt gebracht – das hat Klarheit geschaffen und war bereichernd.«*

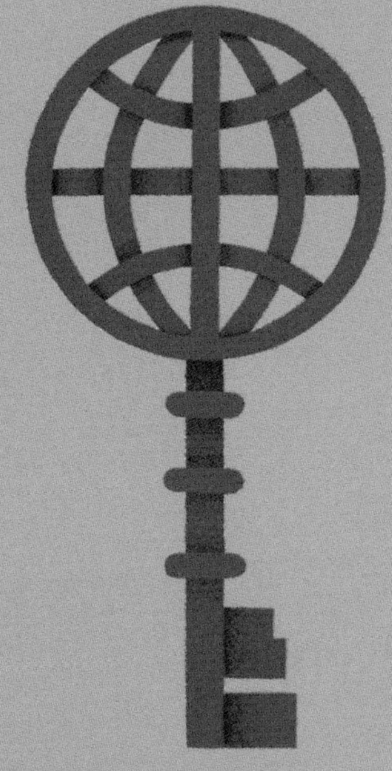

# ÜBUNGEN FÜR DIE WELT

*Der ökosystemische Schlüssel*

*achtsamkeiten.com*

Unterstützende Materialien zur Durchführung der folgenden Übungen haben wir hier für Dich zusammengestellt.

## 11. BEZIEHUNGEN IN DER WELT SICHTBAR MACHEN: DER ECO BODY SCAN

Beim klassischen Body Scan lernst Du, die verschiedenen Bereiche Deines ruhenden Körpers bewusst wahrzunehmen. Beim Moving Body Scan lässt Du Dich von muskulären Bewegungsimpulsen leiten. Beim Social Body Scan lernst Du, eine kleine Gruppe von Menschen und deren Gedanken, Gefühle und Veränderungspotenziale – den sozialen Körper – zu erspüren. Nun gehen wir noch einen Schritt weiter. Beim Eco Body Scan kannst Du das private und berufliche Beziehungsgefüge, in dem Du Dich im Alltag bewegst, sichtbar werden lassen – allein oder gemeinsam mit anderen Menschen. Dadurch lässt sich ein Gespür für das Ökosystem, in dem Du lebst, und die darin liegenden Zukunftspotenziale entwickeln.

Der Eco Body Scan leitet die dritte Übungssorte unseres Schlüsselbundes der Achtsamkeiten ein.

Herzlich willkommen im ökosystemischen Erfahrungsraum!

Während Dich die individuellen Übungen mehr mit Dir selbst und die sozialen Übungen zusätzlich mit anderen Menschen verbinden, stärken die ökosystemischen Übungen darüber hinaus die Verbundenheit zu Deinem Umfeld und zum Planeten Erde mit seinen Lebewesen. Das kann Dir und auch Deinen Mitmenschen dabei helfen, einen klaren Blick auf das Leben zu bekommen und dadurch Entscheidungen zu treffen in komplexen Situationen oder in Zeiten, in denen Ruhe und Besinnung fehlen. Du lernst, Deine Werte auch wirklich zu leben, d. h. in konkrete Handlungen umzusetzen.

Genau wie bei der Entwicklung des Moving Body Scans und des Social Body Scans haben wir uns beim Eco Body Scan von den Methoden des Social Presencing Theater inspirieren lassen. In der Einleitung unseres Buches hast Du bereits einen ersten Einblick bekommen, wie unsere Weggefährtin Arawana eine ökosystemische Übung anleitet. Nun laden wir Dich ein, selbst aktiv zu werden. Dafür stellen wir Dir zwei Varianten des Eco Body Scans vor. Die Variante 1 kannst Du allein für Dich mithilfe von Bastelmaterialien durchführen, die Variante 2 gemeinsam mit anderen Menschen in einer körperbasierten Gruppenübung.

**Und so geht's:**

**ECO BODY SCAN – VARIANTE 1**

Ziel der Übung ist es, mithilfe einer selbstgebastelten Skulptur Deine aktuelle Lebenssituation zu visualisieren. Ähnlich wie beim achtsamen Schreiben kreierst Du ein »Produkt« in einem kreativen Prozess des Innehaltens und Entstehen-Lassens.

Die Basis dafür bildet eine Frage wie zum Beispiel eine der folgenden: *Welche Menschen, Lebewesen, Ressourcen und inneren Haltungen (von dir selbst und anderen) haben Einfluss auf Deine aktuelle Lebenssituation, d. h. auf Dich und Deine Familie und auf Deinen beruflichen Alltag? Wie sieht dieser Einfluss aus?*

Oder auch:
*Welche Personen, Lebewesen und Dinge sind wichtig in Deinem Leben? Wie stehen sie zu Dir und zueinander in Beziehung? Welche inneren Haltungen und äußeren Faktoren spielen dabei eine Rolle? Wo gibt es Spannungen und Blockaden? Wo sind besondere Ressourcen und Entwicklungskräfte?*

***Diese Materialien könntest Du zum Beispiel einsetzen:***

- Einige Blätter Papier und/oder selbstklebende Post-its
- Schere
- Verschiedene Buntstifte
- Wollfäden, Bastel-Draht oder Ähnliches
- Knete
- Naturmaterialien wie Kieselsteine, Blätter, Stöckchen usw.
- Spielfiguren (z. B. aus »Mensch ärgere Dich nicht«)

Du kannst auch andere Materialien benutzen, mit denen sich Deine Beziehungen in und zu der Welt symbolisch darstellen lassen. Schau einfach, was Du zuhause parat hast! Hilfreich ist außerdem eine stabile Unterlage (z. B. Papier-Karton in der Größe DIN A3, ein Brett oder Tablett), auf der Du Deine Skulptur platzieren und transportieren kannst.

**Ablauf**

***Schritt 1: Erstellen der Skulptur 1 (ca. 20 Minuten)***

- Nutze die Materialien, um die Situation möglichst vielschichtig sichtbar werden zu lassen – mit den beteiligten Menschen, Lebewesen, Ressourcen und inneren Haltungen.

- Lass Dich von Dir selbst überraschen! Halte inne und lass entstehen, was entstehen will! Zum Beispiel in Form einer gekneteten Figur, eines verbindenden oder abgrenzenden Wollfadens oder eines gezeichneten Herzchens.

- Alle verwendeten Figuren und Objekte stehen für Elemente, Akteur:innen oder Qualitäten der von Dir gewählten Situation.

- Damit Du über Deine Ich-Perspektive hinauskommst, empfehlen wir Dir, die folgenden Elemente mit aufzustellen: a) den Planeten Erde, b) Menschen oder Lebewesen, die benachteiligt werden bzw. aus dem Blick geraten sind (»die blinden Flecken«), c) Dein höchstes Zukunftspotenzial. Die Bedeutung dieser drei Elemente (Rollen) für Dich wird während des Eco Body Scans entstehen. Mach Dich frei von Erwartungen!

- Wechsle beim Aufstellen zwischen Ruhe, Hinspüren und Bewegung ab: Entdecke und lass Dich überraschen! So entsteht die Skulptur 1. Sie lässt Deine aktuelle Situation sichtbar werden.

- Es ist empfehlenswert, bevor Du im nächsten Schritt Veränderungen an der Skulptur 1 vornimmst, bereits jetzt ein Foto von ihr zu machen.

***Schritt 2: Beschreiben der Skulptur 1 (ca. 15 Minuten)***

- Beschreibe die Skulptur 1 aus den Perspektiven der Ebenen Neugier, Mitgefühl und Handlungskraft, die Du in der Übung 10 zum Social Body Scan systematisch geübt hast. Nutze dafür ein Notizbuch oder einige Blätter und einen Stift – ähnlich, wie Du es bereits beim achtsamen Schreiben praktiziert hast. Nimm Dir für jede Ebene nacheinander etwa 3 Minuten Zeit.

- Wenn Du von einer zur nächsten Perspektive wechselst, bietet sich jeweils eine kurze Pause an – zum Beispiel in Form einer 1-minütigen Atemraumübung.

*Ebene 1 – Neugier*

Wenn Du neugierig auf Deine Skulptur 1 schaust, was fällt Dir auf? Wo gibt es Irritationen, Ungewohntes, Überraschendes, Neues?

1 Minute Stille/Atemraumübung

*Ebene 2 – Mitgefühl*
Wenn Du Deine Skulptur einfühlsam wahrnimmst, welche Gefühle tauchen auf?

1 Minute Stille/Atemraumübung

*Ebene 3 – Handlungskraft*
Wenn Du mit einer mutigen und schöpferischen Grundhaltung auf Deine Skulptur schaust, welche Impulse zur Veränderung tauchen dabei in Deinem Körper auf und wie können sie sichtbar gemacht werden?

***Schritt 3: Weiterentwickeln zur Skulptur 2 (ca. 5 Minuten)***
Was entsteht in Dir bzw. in der Skulptur 1, die Du vor Dir siehst? Wie kann es sich durch die Arbeit mit den Materialien manifestieren? Was möchte bewegt und verschoben werden, was will neu angeordnet sein? Nutze diese spielerische Kraft. Welche Zukunft will geboren werden?

- Wenn etwas Neues entstehen will, dann darf sich Deine Skulptur 1 nun zu einer Skulptur 2 transformieren. Nimm Dir 5 Minuten Zeit dafür, die Dinge in Bewegung zu setzen.
- Vielleicht magst Du Deine Skulptur 2 nun ebenfalls fotografieren, um so die Transformation von Skulptur 1 zu Skulptur 2 zu dokumentieren und später anschauen zu können.

Wir wünschen Dir viel Freude
beim Praktizieren des Eco Body Scans!

Wie war es für Dich, mit diesen einfachen Hilfsmitteln Deine Lebenssituation zu visualisieren? Wie war es, Dein Ökosystem achtsam wahrzunehmen und im Raum sichtbar werden zu lassen? Hat der Eco Body Scan Dir dabei geholfen, eine komplexe oder unklare Situation besser zu verstehen und zu durchschauen? Wurdest Du überrascht? Kannst Du auf dieser Basis womöglich Entscheidungen treffen, die Dir vorher nicht möglich waren? Deine und Eure Zukunft klarer sehen? Du kannst nun bewusst entscheiden, ob Du auf dieser Basis in Deinem realen Leben aktiv werden möchtest.

Es kann gut sein, dass Du Pausen benötigst und dann an der Skulptur weiterarbeitest. Oder eine neue Skulptur entwickelst. Und Dich zu einem späteren Zeitpunkt mit einer anderen Frage auseinandersetzt. Was auch immer Dein Weg ist bzw. sein wird: Gönne Dir diese Zeit – der Eco Body Scan ist ein besonders kraftvoller Schlüssel im Schlüsselbund der Achtsamkeiten. In jeder Lebenslage kann er Dir eine Inspiration sein.

> *»Meine bislang wertvollste Erfahrung in einem Eco Body Scan: Anlässlich der Wahl eines neuen Lebensmittelpunkts, einer räumlichen Veränderung, habe ich nicht nur darüber nachgedacht, was Einfluss auf diese wichtige Entscheidung hat, sondern in der Visualisierung mit allen Sinnen wahrgenommen, was ich selbst möchte und in welcher Beziehung ich beispielsweise zu Menschen oder Regionen stehe. So konnte ich spüren, was sich als Zukunftsoption anbietet, und die ersten Schritte auf dem Spielfeld des Eco Body Scans umsetzen, die mich meinem neuen Lebensmittelpunkt näherbrachten.«* Hubert

**Erfahrungen unserer Kursteilnehmenden**

*»Im Eco Body Scan lernte ich das In-mich-Hineinspüren anders kennen. In mir steckt die Zukunft und in mir finde ich den Weg dahin.«*

*»Die Aufstellung machte mir nochmal bewusst, wo ich momentan stehe und wie meine Position von innen her veränderbar ist. Außerdem machte sie mir deutlich, wo ich hingehen möchte und was andere sich für mich wünschen.«*

*»Dadurch ist mir bewusst geworden, wie ich manche Aspekte in meinem Leben betrachte.«*

*»Durch die Übung konnte ich mich intensiver mit meinem eigenen sozialen Ökosystem auseinandersetzen und aus einer Vogelperspektive die ganze Umgebung wahrnehmen. So konnte ich mir auch selbst aufzeigen, in welcher Situation ich mich gerade befinde und welche Veränderungspotenziale ich darin sehe.«*

**Und so geht's:**

**ECO BODY SCAN – VARIANTE 2**

Für diese Variante werden keine Bastelmaterialien benötigt, sondern Menschen, die dieses besondere Theaterstück der Achtsamkeiten miteinander aufführen und erleben möchten. Skulptur 1 und Skulptur 2 entstehen jetzt aus den Körpern dieser Menschen, die bestimmte Rollen einnehmen und sich in einem Raum in Beziehung zueinander bewegen und positionieren.

Dabei geht es nicht darum, vorgegebenen Zielen, Gedanken und Erwartungen darüber, wie etwas dargestellt werden sollte, zu folgen. Es geht auch nicht um psychische Prozesse, sondern um die räumliche Beschreibung eines Beziehungsgefüges ohne persönliche Interpretationen. Darum, wie nah oder fern Menschen in einer bestimmten Konstellation zueinander sind, in welche Richtung sie schauen und wer sich höher oder niedriger positioniert, zum Beispiel durch Stehen, Sitzen oder Liegen.

Bei der Variante 2 des Eco Body Scans erfahrt Ihr in einem körperbasierten Transformationsprozess, wie sich das von Euch aufgestellte Beziehungsgefüge von innen her vom gegenwärtigen Zustand (Skulptur 1) in Richtung eines zukünftigen Zustands (Skulptur 2) verschieben kann. Die dafür hilfreichen Fähigkeiten zum Erspüren und Entstehen-Lassen von Bewegungen, Körperhaltungen und Körperkonstellationen sind intuitive Intelligenzformen, die unter anderem beim Moving Body Scan, auf der Ebene 3 (Handlungskraft) des Social Body Scans und in der Variante 1 des Eco Body Scans bereits gestärkt werden konnten.

Eine wichtige Voraussetzung ist, dass die Teilnehmenden offen dafür sind, gemeinsam neue Einsichten zu gewinnen und Zukunftsmöglichkeiten im aufgestellten Ökosystem zum Vorschein kommen zu lassen, ohne vorher zu wissen, welche Skulpturen dabei entstehen. Insofern kann der Eco Body Scan auch ein verbindendes und spannendes Gemeinschaftserlebnis sein, zum Beispiel für Freund:innen, Familienmitglieder, eine Sportmannschaft, eine Abteilung oder ein Projektteam in einer Firma.

Im Folgenden geben wir einen Überblick über die fünf aufeinanderfolgenden Schritte der Variante 2 des Eco Body Scans. Womöglich erscheint die Darstellung auf den ersten Blick nicht einfach. Bitte vertraut uns und probiert es mal aus! Mit dieser Übung ist es ähnlich wie mit dem Schwimmen. Wer das erste Mal die Theorie erklärt bekommt, ist vermutlich zunächst etwas überfordert. Wer aber dann ins Wasser springt, merkt: Es geht teilweise wie von selbst, beim Machen. Also spürt Euch als Gruppe in diese Übung gemeinsam hinein! Springt in dieses Wasser und lasst Euch darauf ein! Die Anleitung kann beim »Schwimmenlernen« jederzeit als Hilfsmittel genutzt werden – und mit jedem Eco Body Scan wird der Ablauf leichter.

Viel Freude bei dieser gemeinsamen Erkundung Eures Ökosystems!

Um den Transformationsprozess zu dokumentieren, kann es spannend und hilfreich sein, während des Eco Body Scans Fotos zu machen oder sogar den gesamten Prozess per Video aufzuzeichnen. Dafür werden alle Teilnehmenden vorab um ihr Einverständnis gebeten.

**Diese Ressourcen braucht es für die Durchführung:**

- Zeitfenster von 1 bis 2 Stunden
- einen ausreichend großen Raum mit freier Fläche (ohne Tische und Stühle)
- 1 Moderator:in
- 1 Schreiber:in
- 6 bis 8 Rollenträger:innen (inklusive Planet Erde, Menschen oder Lebewesen, die benachteiligt werden bzw. aus dem Blick geraten sind, sowie das höchste Zukunftspotenzial des aufgestellten Systems)
- weitere Personen (2 bis 4, es gehen aber auch mehr) als Beobachter:innen
- Post-it-Meeting-Notes oder Papierschilder
- mindestens 1 Flipchart-Marker
- ggf. Fotoapparat/Smartphone/Videokamera zum Dokumentieren

**Ablauf**

***Schritt 1: Rollen werden definiert und der Raum wird vorbereitet***

- In einem ausreichend großen Raum mit freier Fläche sitzen oder stehen die beteiligten Personen in einem Kreis (dem »sozialen Feld«), eine Person moderiert den Gruppenprozess.

- Unter Anleitung der moderierenden Person werden die Rollen in dem gemeinsam ausgewählten Beziehungsgefüge festgelegt und auf Papierschildern oder Post-its festgehalten.

- Wenn das Beziehungsgefüge beispielsweise eine Abteilung oder ein Projektteam in einer Firma ist, können folgende Rollen von Bedeutung für die Aufstellung sein: Abteilungsleiter:innen, Sachbearbeitung, Vertrieb, Auszubildende, Geschäftsführung, Projektmanagement usw.; auch Systembestandteile wie Orte (z. B. Firmenzentrale, Niederlassung) und weitere Stakeholder (z. B. Kund:innen, Politik, Wirtschaftsförderung) können Rollen einnehmen.

- Zusätzlich zu den spezifischen Rollen des aufzustellenden Systems gehören, wie in der Variante 1 des Eco Body Scans, die folgenden vorgegebenen Elemente dazu:

***Rolle a)*** – Planet Erde
***Rolle b)*** – Menschen oder Lebewesen, die benachteiligt werden bzw. aus dem Blick geraten sind (»die blinden Flecken«)
***Rolle c)*** – das höchste Zukunftspotenzial des aufgestellten Beziehungsgefüges bzw. Systems

Die Bedeutung dieser drei Elemente für Euch wird während des Eco Body Scans bereits bei der Auswahl der Rollen entstehen. Mit Ausnahme des Planeten Erde ist es hier nämlich hilfreich, die vorgegebenen Rollen mit Blick auf das jeweilige Ökosystem zu konkretisieren. Zum Beispiel: Wenn es um eine Hochschule geht, kommen als Benachteiligte Menschen infrage, die keine Hochschulzugangsberechtigung haben. Für das Zukunftspotenzial eines Unternehmens kann eine Climate-Change-Taskforce stehen, die das Unternehmen eingerichtet hat.

Alle Teilnehmenden werden dazu eingeladen, innezuhalten und sich mit dem eigenen Körper zu verbinden. Erwartungen, wie das zur Darstellung kommende Beziehungsgefüge aussehen soll, werden losgelassen.

***Schritt 2: Die Teilnehmenden spüren sich in die Rollen ein***

- Wer eine Resonanz mit einer bestimmten Rolle spürt, wird gebeten, sich das entsprechende Rollen-Schild oder Rollen-Post-it gut sichtbar auf die Brust zu kleben bzw. mit einer Sicherheitsnadel anzuheften. Wichtig: Niemand übernimmt eine Rolle, die er oder sie im Alltag tatsächlich innehat!

- Dafür geht die moderierende Person mit einem ersten Rollen-Schild langsam den Kreis der sitzenden oder stehenden Teilnehmenden ab. Wer bei sich eine Resonanz mit der Rolle spürt, gibt ein Zeichen und erhält von der moderierenden Person das Schild, um es sich anzuheften. Dieser Prozess wird mit allen Rollen-Schildern wiederholt, bis die Rollen vergeben sind. Es kann dabei auch vorkommen, dass Rollen-Schilder mehrfach im Kreis präsentiert oder sogar aussortiert werden.

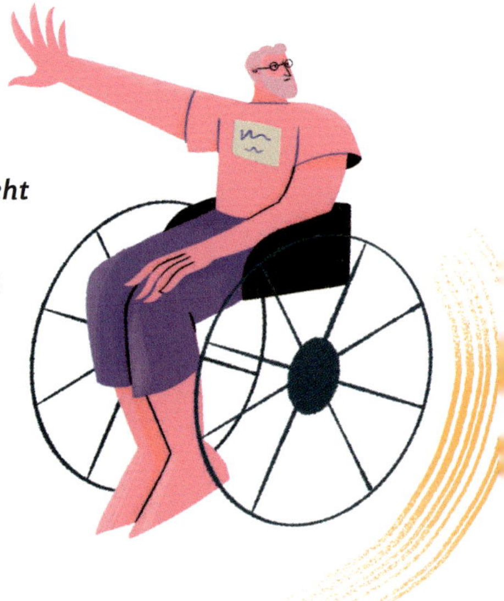

***Schritt 3: Skulptur 1 entsteht***

- Die Personen, die keine Rolle haben, bilden einen Kreis im Sitzen oder Stehen – sie sind die Beobachter:innen, die den Raum halten. Der Kreis markiert die Grenze des Systems, das die Rollenträger:innen nun aufstellen.

- Einzeln und nacheinander – die Reihenfolge ist egal – treten die Rollenträger:innen auf. Jede:r Rollenträger:in erspürt in oder ggf. auch außerhalb des Kreises die Position und Haltung, die ausgedrückt werden möchte. Dann sagt sie oder er laut und deutlich einen Ich-Satz, der die aktuelle Rollen-Perspektive artikuliert. Diese Ich-Sätze werden dokumentiert.

- Bei diesem Prozess des Entstehen-Lassens lassen sich die Rollenträger:innen nicht von Gedanken oder Konzepten leiten, sondern folgen ihrer körperlichen Intuition – wie beim Moving Body Scan. Jede Person nimmt sich die Zeit, die sie braucht.

- Wenn alle ihre Positionen gefunden haben, ist die Skulptur 1 entstanden – der gegenwärtige Zustand des aufgestellten Beziehungsgefüges bzw. Systems.

***Schritt 4: Skulptur 2 entsteht***

- Die Rollenträger:innen werden gebeten, ihrem Körper die Gelegenheit zu geben, eine neue Position im Raum und/oder eine veränderte Haltung einzunehmen. Das Beziehungsgefüge kommt in Bewegung. Dabei kann es auch sein, dass einzelne Rollenträger:innen in ihrer Position und/oder Haltung bleiben.

- So formiert sich in einem schrittweisen Geschehen die Skulptur 2 – ein möglicher

Zukunfts-Zustand des Systems. Der Transformationsprozess dauert nicht länger als 5 Minuten, die moderierende Person achtet auf diesen Zeitrahmen.

- In spontan sich ergebender Reihenfolge nennen die Personen ihre Rolle und sprechen, für alle im Raum gut hörbar, einen Ich-Satz aus der neuen Rollen-Perspektive aus. Auch das wird schriftlich dokumentiert.

***Schritt 5: Alle tauschen sich über ihre Wahrnehmungen aus***

- Die Teilnehmenden und die Beobachter:innen tauschen sich über ihre konkreten Wahrnehmungen bei diesem Eco Body Scan aus. Dabei geht es um einfache Außenwahrnehmungen (wie z. B., wer sich wann wie bewegt hat, von wo nach wo, in Relation zu wem) sowie um Innenwahrnehmungen, die sich auf Körperempfindungen beziehen. Interpretationen, Konzepte, Bewertungen und Strategien, die im Bewusstsein auftauchen, werden hier bewusst außen vor gelassen und nicht thematisiert. Das ist sozusagen eine kleine individuelle Achtsamkeitsübung als integraler Teil dieser ökosystemischen Achtsamkeitsübung.

- Anschließend werden die notierten Sätze zu jeder Rolle aus Skulptur 1 und aus Skulptur 2 vorgelesen.

- Zum Abschluss werden die Schilder auf dem Boden abgelegt und die übernommenen Rollen durch einen Schritt zurück bewusst losgelassen.

Und, wie war Euer erster Eco Body Scan in Gemeinschaft? Wie hat es sich angefühlt, ins »kalte Wasser« zu springen, ohne zu wissen, was dabei herauskommt? Was hat der Prozess mit der Gruppe gemacht? Was habt Ihr Neues erfahren über Euch und die Welt in diesem Erfahrungsraum? Vielleicht magst Du ihn demnächst noch einmal mit dieser oder einer anderen Gruppe erleben. Oder die Zukunftspotenziale in einem anderen Ökosystem erkunden. Kein Eco Body Scan wird wie der andere sein.

## 12. DICH MIT DER UMWELT VERBINDEN: DAS ECO SENSE LAB

Nach dem organisatorisch aufwendigen Eco Body Scan wird es nun wieder einfacher. Das Eco Sense Lab ist ein ökologisches Wahrnehmungs-Experiment, bei dem Du verschiedene Übungen mit Deinen fünf Sinnen durchführst – und zwar offline und in Stille, nur Du allein.

Das bewusste Sehen, Riechen, Hören, Schmecken und Tasten ermöglicht Dir, Deine Wahrnehmung mit Neugier zu erkunden und Dich mit der Natur um Dich herum zu verbinden. Außerdem hilft Dir das Eco Sense Lab dabei, einen analogen Anker zu setzen in einer zunehmend digitalen Welt.

**Und so geht's:**
**VORBEREITUNG**
Schalte Deine digitalen Medien – Smartphone, Laptop, E-Book usw. – für den Zeitraum des Eco Sense Lab aus. Idealerweise entfernst Du sie komplett aus Deinem Sichtfeld, um nicht abgelenkt zu werden. Du kannst bei Bedarf Dein persönliches Umfeld wie Familie, enge Freunde oder WG-Mitbewohner darüber informieren, dass Du während der Übung nicht erreichbar bist und nicht gestört werden möchtest. Begib Dich in bequemer Kleidung an einen ruhigen Ort, drinnen oder draußen.

Für die Sinnes-Übungen lege Dir die Utensilien zurecht, die wir Dir im folgenden Ablauf vorschlagen. Natürlich kannst Du stattdessen auch andere Dinge, die Dir lieber sind, integrieren. Oder Du probierst neue Elemente bei späteren Eco Sense Labs aus.

**ABLAUF**

Für Dein Eco Sense Lab schlagen wir Dir exemplarisch den folgenden Ablauf aus drei sinnlichen Wahrnehmungsübungen mit dazwischenliegenden Pausen vor.

***1. Eco-Sense-Lab-Übung: bewusstes Trinken*** (ca. 5 Minuten)

- Nimm Dir dafür ein Getränk Deiner Wahl in einem entsprechenden Gefäß (Glas, Tasse usw.). Das kann Tee, Kaffee, Wasser oder auch Saft sein – was immer Du gerne trinkst oder erkunden möchtest. Nun hast Du 5 Minuten Zeit, dieses Getränk sinnlich zu erfahren.

- Wie sieht es genau aus in dem Gefäß – welche Farbe hat es, welche Konsistenz mag es haben, enthält es evtl. Kohlensäure, die in Form von Bläschen aufsteigt? Wie riecht es? Welche Temperatur hat das Gefäß, wenn Du es in Händen hältst?

- Wenn Du einen ersten Schluck nimmst, behalte ihn für einige Sekunden im Mund und spüre: Wie fühlt sich das an? Wie entfaltet sich der Geschmack im Mundraum? Welche Nuancen und Bestandteile kannst Du ggf. herausschmecken? Wie ist die Temperatur?

- Wenn Du geschluckt hast: Wie fühlt sich das an? Wie reagiert ggf. Dein Magen auf den neuen Input? Nun nimm einen weiteren Schluck und erkunde neugierig, was sich sinnlich entfaltet.

- Teile Dir die 5 Minuten so ein, wie Du es gerade möchtest.

Bevor Du zu Übung 2 übergehst, empfehlen wir Dir eine kleine Pause in Stille von rund 15 Minuten.

***2. Eco-Sense-Lab-Übung: bewusstes Essen einer Rosine*** (ca. 5 Minuten)
Wenn Du Rosinen nicht magst, kannst Du eine andere getrocknete Frucht, zum Beispiel eine Cranberry, wählen.

- Nimm eine Rosine in die Hand und schließe die Augen. Spüre zunächst ihr Gewicht auf Deiner Handfläche.

- Führe die Rosine dann mit den Fingern zur Nase und rieche daran: Was ist die Charakteristik des Geruchs? Wie beschreibst Du ihn für jemanden, der noch nie eine Rosine gerochen hat?

- Halte die Rosine dann dicht vor Dein Ohr. Macht sie womöglich Geräusche, wenn Du leicht darauf drückst?

- Nun schaust Du Dir die Rosine ganz genau an, so wie ein Kind das täte. Welche Strukturen hat sie, welche Farben? Formen? Signaturen?

- Die Sinnesreise geht weiter: Wie schmeckt die Rosine? Taste sie mit den Lippen ab und lege sie dann mittig auf die Zunge, ohne darauf zu beißen. Ertaste sie zunächst mit der Zunge. Wie reagiert Dein Mundraum darauf? Bildet sich Speichel? Hast Du womöglich den Reflex zu kauen?

- Lege die Rosine anschließend zwischen die Zähne und beiße einmal langsam darauf. Welcher Geschmack entfaltet sich dabei? Wie ist es, wenn Du nochmal darauf beißt? Und nochmal? Wie breitet sich der Geschmack jetzt aus? Wann kommt der Schluckreflex?

- Wenn Du magst, kannst Du noch eine zweite Rosine auf die gleiche Weise erkunden.

- Und nun iss die dritte Rosine so, wie Du normalerweise eine Rosine isst. Bemerkst Du einen Unterschied?

Bevor Du zu Übung 3 übergehst, gönne Dir wieder eine kleine Pause in Stille von rund 15 Minuten.

***3. Eco-Sense-Lab-Übung: bewusste Umweltwahrnehmung*** (ca. 45 Minuten)

- Nutze diese Zeit, um Deine Umgebung zu erkunden. Um die sinnlichen Qualitäten der Natur und Deiner Umwelt zu erleben, bietet sich besonders ein Ort draußen an: ein Garten zum Beispiel oder eine Straße in der Nähe. Egal, welcher Ort das ist – lass Dich auf ihn ein!

- Welche Besonderheiten oder Details fallen Dir ins Auge?

- Schließe Deine Augen und nimm wahr, welche Geräusche an Dein Ohr dringen!
- Wonach riecht es, gibt es unterschiedliche Gerüche?
- Berühre Stellen, die Dich interessieren – ertaste einen Grashalm, eine Baumrinde oder die Wand eines Hauses zum Beispiel. Wie nimmst Du den Gegenstand an diesem Ort wahr? Fühlst Du womöglich eine Verbundenheit damit? Gibt es etwas, das Dich überrascht?
- Wenn Du die Übung lieber drinnen durchführen willst, kannst Du das tun. Auch diese Umwelt kannst Du mit allen Sinnen neugierig wahrnehmen. Deine Wohnung oder Dein Büro zum Beispiel. Probiere es einfach aus!

Dein Eco Sense Lab kommt zu einem Ende – und damit die letzte Übung des ökosystemischen Schlüssels. Nimm die achtsame Grundhaltung daraus mit in den weiteren Tag und entscheide Dich bewusst, wie Du ihn gestalten möchtest. Vielleicht ja auch offline.

Im Alltag lassen sich die Übungen des Eco Sense Lab flexibel integrieren. Du kannst auch einzelne Übungen zwischendurch machen. Zum Beispiel morgens Deinen Kaffee oder Tee auf diese Weise erkunden. Oder in der Mittagspause die Natur in einem naheliegenden Park erforschen. Das Wichtigste ist: Du verbringst bewusst Zeit verbunden mit einem bestimmten Ökosystem – ohne digitale Medien und ohne andere soziale Kontakte. Eine achtsame Zeit mit Dir selbst und Deinen fünf Sinnen.

**PERSÖNLICHE STORY**

**Wie Hubert achtsames Skifahren anleitet**

»In meiner Freizeit bin ich seit über 20 Jahren Skilehrer, ich liebe diese Mischung aus Sport, Geselligkeit und Natur. Meine regelmäßige Achtsamkeitspraxis macht sich auch hier spürbar bemerkbar. Wie, das will ich an einem konkreten Beispiel deutlich machen.

Es war ein Tag im Januar 2022 in Hochficht, einem kleinen Mittelgebirgs-Skigebiet an der Grenze zwischen Deutschland, Österreich und Tschechien. Wir waren unterwegs in einer Gruppe von insgesamt acht Personen, alles recht erfahrene Skifahrerinnen und Skifahrer. Der Himmel war tiefblau, die Bäume vereist oder verschneit, es war genügend echter Schnee auf der Piste, die Temperatur nicht zu kalt – alles in allem hervorragende Bedingungen zum Skifahren. An diesem wunderbaren Tag habe ich mein Trainingsprogramm etwas anders gestaltet.

Anstatt wie sonst vor allem konkrete Übungen anzuleiten, habe ich den Fokus etwas verlagert und die Teilnehmenden dazu eingeladen, sich bewusst selbst wahrzunehmen in dieser besonderen Umgebung. Sie alle haben viel Zeit und Raum bekommen, in diesen Moment einzutauchen und anzukommen mit allem, was gerade ist – wie bei einem Body Scan. Bei den Übungen ging es insbesondere darum, beim Fahren ganz bewusst zu erspüren: Was macht eigentlich Dein Ski genau? Was nimmst Du unter Deinen Skiern wahr? Wie ist der Schnee? Wie reagiert Dein Körper im ständigen Wechsel aus Anspannung und Entspannung in der Bewegung, um die Ski zu koordinieren? Wie fühlt es sich an, wenn man diese oder jene Bewegung macht und wie sieht dann die Qualität der Kurve aus?

Auch habe ich die Aufmerksamkeit der Gruppenmitglieder gezielt auf das Ökosystem und die Natur drumherum gelenkt: Wie ist es, sich als Teil der Natur in dieser zu bewegen? In der Natur, die durch ihre spezielle Beschaffenheit wie zum Beispiel den verschneiten Untergrund den Rhythmus der eigenen Bewegung klar vorgibt? Wie ist es, sich dessen stärker bewusst zu sein? In den Pausen zwischen den Übungen haben wir uns intensiv über die Erfahrungen ausgetauscht und gegenseitig achtsam zugehört. Es ging nicht darum, dass ich als Skilehrer gesagt habe: ›Dies oder jenes ist falsch, so geht es richtig!‹, sondern es ging darum, was die Teilnehmenden dabei empfunden haben – um auf dieser Basis der eigenen Wahrnehmung hilfreiche Tipps zu entwickeln.

Der ganze Tag war eine Ansammlung von vielen intensiven und bewusst wahrgenommenen Momenten, für sich allein, in der Gruppe und in der Natur. Ich habe eine große Lebendigkeit gespürt und auch ein Glücksgefühl in der Gruppe – und die Teilnehmenden haben mir das auch rückgemeldet. Sie hatten nicht nur den Eindruck, sich selbst besser kennenzulernen, sondern waren ziemlich glücklich, sich skitechnisch verbessert zu haben, mit viel mehr Leichtigkeit und weniger Überforderungsgefühl als sonst. Das war ein toller achtsamer Ski-Tag, in jeglicher Hinsicht.«

***Hubert***

# AUSBLICK

Wie fühlst Du Dich nun, nach den vergangenen 12 Übungen? Ganz schön abwechslungsreich, was Du mit dem Schlüsselbund der Achtsamkeiten erfahren hast, oder?

Du hast individuelle Praktiken kennengelernt wie die Atemraumübung, den Body Scan oder das achtsame Sitzen, bei denen Du Dich bewusst mit Geist und Körper in Beziehung setzt. Gemeinsam mit Trainingspartner:innen hast Du in der Dyade und beim Social Body Scan das soziale Miteinander in einer neuen Qualität erlebt. Und schließlich haben die ökosystemischen Achtsamkeitsübungen, der Eco Body Scan und das Eco Sense Lab, Dich und andere Menschen die Umwelt, Lebenssituationen, Beziehungsgefüge und Zukunftspotenziale erspüren lassen.

Du hast im Liegen, im Stehen und im Sitzen praktiziert, Du hast Dich auch bewegt. Du hast gesprochen, Resonanz gespürt und Feedback gegeben. Und Du hast vermutlich sogar gebastelt oder eine besondere Form von Theater gespielt.

Dieser facettenreiche Schlüsselbund der Achtsamkeiten steht Dir nun zur Verfügung, um Deinen eigenen Stil zu finden. Aber wie machst Du das? Und wie kann sich die regelmäßige Übungspraxis auswirken – nicht nur auf Dein subjektives Empfinden, sondern auch wissenschaftlich messbar? In diesem Ausblick-Kapitel geben wir Antworten auf diese Fragen.

# *Dein Trainingsplan: Wie Du die Übungen in den Alltag integrierst*

Wir haben einen Trainingsplan entwickelt, der Dich dabei unterstützt, die vorangehenden Übungen auf Deine Weise ins Leben zu integrieren. Er macht es Dir leicht, die Türen zu den drei verschiedenen Erfahrungsräumen Tag für Tag offen zu halten und durch regelmäßige Praxis eine nachhaltige Wirkung zu erfahren. Nach den drei aufeinander aufbauenden Trainingseinheiten findest Du eine Anleitung zur Einübung Deines eigenen Achtsamkeitsstils.

**TRAINING FÜR TÜR 1: STABILISIERE DEINE INDIVIDUELLE ACHTSAMKEITSPRAXIS!**

- Stabilisiere Deine individuelle Praxis, indem Du mehrmals täglich die Atemraumübung (Übung 1) praktizierst.

- Integriere dann sukzessive Woche für Woche eine weitere Übung ergänzend zur Atemraumübung in Deinen Tagesablauf, bis Du unsere gesamte Palette an individuellen Achtsamkeitsübungen kennengelernt hast (Übungen 2 bis 8). Starte mit 10 Minuten pro Übung und Tag. Je länger, desto wirksamer, aber wichtiger als die Länge ist die Regelmäßigkeit.

- Achte auf Dein Selbstmitgefühl und sei freundlich mit Dir ohne Zwang. Es kann sich vielleicht für Dich gut anfühlen, nicht an sieben, sondern an fünf Tagen die Woche zu praktizieren. Auch das ist in Ordnung.

**TRAINING FÜR TÜR 2: WENDE DICH DEN SOZIALEN ACHTSAMKEITSÜBUNGEN ZU!**

- Während Du nach und nach die individuellen Achtsamkeitsübungen praktizierst, kannst Du die Dyade und später auch den Social Body Scan in Deine Wochenpraxis integrieren (Übungen 9 und 10).

- Beispielsweise kannst Du an einem Tag der Woche anstelle oder zusätzlich zu einer individuellen Achtsamkeitsübung die Dyade oder den Social Body Scan praktizieren, wenn Du entsprechende Trainingspartner:innen gefunden hast.

- Besonders die Dyade lädt dazu ein, aufgrund des kürzeren Zeitfensters (15 Minuten) und des leichteren »Einspielens« mit einem Trainingspartner bzw. einer Trainingspartnerin, auch häufiger praktiziert zu werden. Das kann sogar täglich sein.

**TIPP**

Trainingspartner:innen können zum Beispiel Freund:innen, Bekannte, Familienmitglieder, Vereinsmitglieder oder auch Arbeitskolleg:innen sein. Erzähl ihnen einfach von dem Schlüsselbund der Achtsamkeiten. Frage sie, ob sie Lust hätten, mit Dir die Dyade oder den Social Body Scan auszuprobieren und dabei neue Qualitäten des Sprechens, Zuhörens, Wahrnehmens und Feedback-Gebens zu erfahren.

Möglicherweise hilft hier auch der Hinweis auf die wissenschaftlichen Studien zum Dyaden-Effekt, die Du im nächsten Kapitel kennenlernst. Vielleicht gibt es auch Mitmenschen, von denen Du weißt, dass sie bereits Achtsamkeitsübungen praktizieren oder aufgeschlossen für diese Erfahrung sind. Das ist keine Voraussetzung, kann es aber leichter machen. Hilfreich ist ebenso, wenn es Menschen aus Deinem Umfeld sind, mit denen Dich bestimmte Themen verbinden, über die Ihr Euch während der sozialen Übungen austauschen möchtet.

Schön wäre es natürlich, wenn Ihr live und Face to Face praktiziert, um die Übungen mit allen Sinnen intensiver zu erleben. Beide soziale Übungen könnt Ihr aber auch online per Videokonferenz durchführen, die Dyade unter Umständen sogar am Telefon – dann fehlt allerdings die Körpersprache als Feedback-Kanal. Möglicherweise ist die medial vermittelte Durchführung einfacher, weil dies für potenzielle Trainingspartner:innen leichter zu realisieren ist. Schaut einfach, was förderlich ist, um in eine regelmäßige Praxis zu kommen.

**TRAINING FÜR TÜR 3: ENTDECKE DIE ÖKOSYSTEMISCHE ACHTSAMKEITSPRAXIS!**

- Erforsche, wie sich das Eco Sense Lab (Übung 12) in Deinen Alltag integrieren lässt. Es gibt viele Möglichkeiten, denn diese Übung erlaubt Dir eine große Flexibilität – sowohl in Bezug darauf, wann und wo, als auch, mit welchen Dingen Du sie durchführst. Integriere zum Beispiel regelmäßig das achtsame Trinken oder Essen in Deinen Alltag! Erkunde zwischendrin auch Deine Umwelt mit Forschergeist – egal ob im Büro, auf der Einkaufsstraße oder im Garten!

- Durch das regelmäßige Training der individuellen und sozialen Übungen sowie des Eco Sense Lab wird Dein Achtsamkeitssensorium immer feiner und Dein Bedürfnis wächst, die Welt um Dich herum und die darin enthaltenen Veränderungspotenziale klarer wahrzunehmen und wichtige Fragen in Deinem Leben zu erkunden. Der Eco Body Scan (Übung 11) ist ein wirksames Tool, um diesem Bedürfnis nachzugehen.

- Variante 1 des Eco Body Scans kannst Du in vielen Lebenssituationen für Dich einsetzen: Wenn Du Klarheit brauchst über Dich und Dein Verhältnis zu Deinem ganz persönlichen Ökosystem. Um auf dieser Basis auch Entscheidungen für Deine Zukunft treffen zu können.

- Variante 2 des Eco Body Scans kann Dich dabei unterstützen, wenn Du ein System in Deinem Umfeld – zum Beispiel Deine Familie, Dein Arbeitsteam oder Deine Sportmannschaft – als Gruppe in Bewegung setzen möchtest, um Euer gemeinsames Zukunftspotenzial zu erspüren. Vielleicht findest Du ja ein Team, das die transformative Kraft des Eco Body Scans schätzen lernt und in regelmäßigen Abständen gemeinsam mit Dir auf Entdeckungsreise gehen möchte.

- Die Integration des Eco Body Scans in Dein Leben bedarf etwas mehr Vorbereitung, denn Du benötigst mehr Zeit und auch mehr Ressourcen. Folge einfach Deinem Bedürfnis.

**TIPP**

Auch für den Eco Body Scan (Variante 2) eignen sich als Trainingspartner:innen zum Beispiel Freund:innen, Bekannte, Familienmitglieder, Vereinsmitglieder oder Arbeitskolleg:innen – Menschen aus Deinem Umfeld, mit denen Du Dir eine solche interaktive Skulpturarbeit vorstellen könntest. Vielleicht haben ja auch Trainingspartner:innen, mit denen Du bereits die Dyade oder den Social Body Scan praktizierst, Lust auf diese Entdeckungsreise und Ihr findet gemeinsam noch weitere Personen, die mitmachen würden.

Wenn Du bzw. Ihr andere zum Mitmachen bewegen möchtet, kann es hilfreich sein zu erwähnen, dass der Eco Body Scan als eine Form von ökosystemischen Übungen auch schon in vielen Schulen, Hochschulen, Unternehmen, Nichtregierungs- und UN-Organisationen durchgeführt wird, um Transformationsprozesse anzustoßen. Informationen dazu findest Du im nächsten Kapitel. Gerade Menschen, die keine oder kaum Erfahrung mit Achtsamkeitspraxis haben, kann das zum Mitmachen motivieren.

**KOMM IN EINE REGELMÄSSIGE ÜBUNGSPRAXIS!**

- Finde Deine eigene Form, die es Dir ermöglicht, die drei Türen zu den drei Erfahrungsräumen in Deinem Leben offen zu halten. Das kann zum Beispiel so aussehen: (variierende) individuelle Übungen an mehreren Tagen in der Woche, eine Dyade einmal in der Woche, eine Übung mit mehreren Trainingspartner:innen einmal im Monat – aber natürlich sind auch ganz andere Konstellationen möglich!

- Schau dafür auf Deine Bedürfnisse sowie Deine Widerstände und finde heraus, welche Achtsamkeitsübungen in welcher Intensität für Dich hilfreich und wohltuend sind. Das erhöht die Chance, dass Du am Ball bleibst. Du hast vielleicht nach den ersten Erfahrungen bemerkt, dass Dich eine gewisse Praxis-Regelmäßigkeit bei diesem Erkunden unterstützt. Deine Bedürfnisse und Dein Stil werden in verschiedenen Lebensphasen unterschiedlich sein – mal reichen Dir kürzere Einheiten, mal tun Dir längere Einheiten gut.

- Versuche eine Balance zwischen den drei Übungssorten zu finden! Wie Du in diesem Buch erfahren hast, hat jeder Schlüssel seine eigene Qualität und ergänzt die anderen. Wer zum Beispiel keine individuellen oder sozialen Übungen macht, kann sich womöglich beim Eco Body Scan überfordert fühlen bzw. bekommt keinen Zugang zu ihm, weil die Verbindung zu sich selbst und zu den Mitmenschen nicht trainiert ist.

- Begegne Dir selbst und anderen mit Freundlichkeit und Verständnis. Bewahre Dir Deine Offenheit und die Neugier, denn in den Übungen gibt es immer wieder Neues zu entdecken.

Die Reihenfolge vom individuellen über den sozialen zum ökosystemischen

Schlüssel ist unsere Empfehlung. Du kannst auch anders vorgehen, nach Deinen eigenen Vorerfahrungen, Bedürfnissen oder Vorlieben, denn jeder Schlüssel unseres Bundes hat seine eigene Wirkungskraft.

Wenn Dich entweder die individuellen, die sozialen oder die ökosystemischen Übungen besonders ansprechen, könnte eines der vertiefenden Programme, die unsere Weggefährt:innen entwickelt haben, interessant für Dich sein. Vielleicht sind diese auch hilfreich für Dich, um gemeinsam mit anderen Menschen zu praktizieren und Deine Erfahrungen zu teilen. Hier unsere Hinweise:

**Für individuelle Übungen**
mbsr-verband.de • jonkabat-zinn.com

**Für soziale Übungen**
taniasinger.de • social.mpg.de

**Für ökosystemische Übungen**
presencinginstitute.org • ottoscharmer.com • arawanahayashi.com

Und die von uns entwickelten mehrdimensionalen Kursprogramme
findest Du hier: ***achtsam.digital***

Wir freuen uns, wenn Dich dieser Trainingsplan dabei unterstützen kann, in eine regelmäßige Praxis zu kommen und Deinen eigenen Achtsamkeitsstil zu finden. Um die volle Wirkungskraft der Übungen zu erfahren. Für Dich, die Mitmenschen und für die Welt.

## *Wie die Übungen wirken*

Wahrscheinlich ist es interessant für Dich zu wissen, wie die Übungen bei regelmäßiger Praxis wirken. Als Wissenschaftler und Kursentwickler achten wir darauf, dass ein regelmäßiges Training mit dem Schlüsselbund der Achtsamkeiten auch einen nachweislichen Nutzen für Dich und Deine Trainingspartner:innen hat. Für alle drei Übungssorten existieren Daten, die deutlich machen, wie die Übungen wirken. Für jede Sorte – individuell, sozial und ökosystemisch – stellen wir Dir im Folgenden ausgewählte Studien, persönliche Erfahrungen und Erkenntnisse vor.

## DER INDIVIDUELLE SCHLÜSSEL

*»Von Natur aus bin ich jemand, den man einen ›ruhigen Gesellen‹ nennen würde, also jemand, den nichts so schnell aus der Ruhe bringt. Es gibt nur wenige Lebenssituationen, die mich aus der Haut fahren lassen oder in denen ich so richtig genervt bin – und auch diese Situationen sind spürbar weniger geworden in den letzten Jahren.*

*Wenn ich früher zum Beispiel als Autofahrer etwas länger an einer roten Ampel warten musste, stieg Ungeduld in mir auf. ›Muss das denn jetzt sein? Kann die*

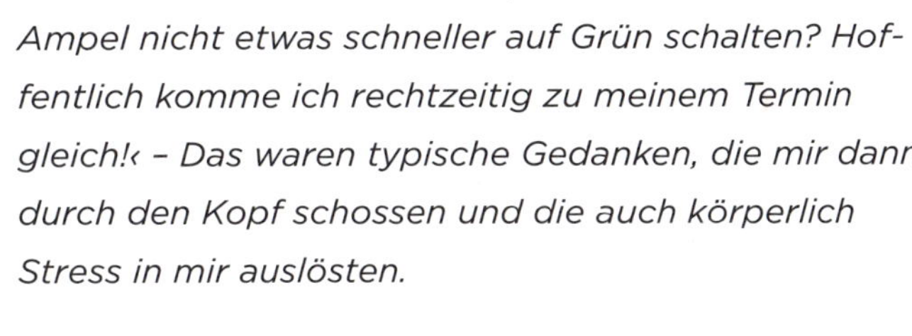

*Ampel nicht etwas schneller auf Grün schalten? Hoffentlich komme ich rechtzeitig zu meinem Termin gleich!‹ – Das waren typische Gedanken, die mir dann durch den Kopf schossen und die auch körperlich Stress in mir auslösten.*

*Heute ist das anders. Wenn ich an einer roten Ampel stehe, rege ich mich nicht mehr auf. Einfach dadurch, dass ich darin trainiert bin, mir immer wieder bewusst zu werden: Was passiert gerade? Ist mein Verhalten hilfreich für mich? Um dann mit etwas mehr Aufmerksamkeit und dadurch häufig angemessener zu reagieren auf eine bestimmte Situation. Und da Genervtheit und Ungeduld vor einer roten Ampel eben nicht hilfreich sind, sondern mir und meinen Mitmenschen sogar schaden können, habe ich meinen Frieden geschlossen mit dem Wartenmüssen. Und bemerke zum Beispiel, wie ich in diesem Moment sitze, wie sich mein Körper anfühlt und welche Kleinigkeiten in der Umwelt neu sind.«* Reyk

Die wahrgenommenen Veränderungen, die Reyk hier beispielhaft aus seinem Leben schildert, sind Dir bereits in den Erfahrungsberichten zu den Übungen begegnet. Vielleicht hast Du auch selbst nach etwas Übungspraxis festgestellt, dass es Dir zum Beispiel besser gelingt, Deine Aufmerksamkeit auf eine Aufgabe oder ein Gespräch zu richten, präsenter und gelassener in der jeweiligen Situation zu sein. Oder Du fühlst Dich weniger gestresst.

Veränderungen durch regelmäßiges Praktizieren von individuellen Achtsamkeitsübungen lassen sich aber nicht nur subjektiv wahrnehmen, sie lassen sich auch objektiv messen. Viele wissenschaftliche Studien belegen, was sich in welcher Weise im Körper verändert – etwa im Gehirn, im Immun- und Hormonsystem bis hin zu den Genen. Abhängig von der Regelmäßigkeit und der Dauer Deiner Übungspraxis transformiert sich also auch Deine »Hardware«. Mit bildgebenden Verfahren kann man zum Beispiel feststellen, wie sich im Gehirn die Aktivität des sogenannten »Default Mode Network« verändert.

Dieses »Ruhezustandsnetzwerk« wird immer dann aktiv, wenn Du nicht mit Deiner Aufmerksamkeit präsent in der jeweiligen Situation bist, sondern Dein Gehirn Dir Geschichten über Dich selbst erzählt – zum Beispiel, wenn Du vergangene Erlebnisse in der Erinnerung durchspielst oder Dir Sorgen um die Zukunft machst.

Wie regelmäßige Achtsamkeitsübungen dabei helfen können, Dich häufiger vom selbstzentrierten »Geschichtenerzählen« zurück in den gegenwärtigen Moment zu bringen, veranschaulicht Reyk den Kursteilnehmenden gerne mit einem Bild: Für Anfänger:innen ist die Übung, mit voller Aufmerksamkeit im jeweiligen Moment zu sein, vergleichbar mit dem Balancieren auf einem sehr schmalen Pfad. Zwischendrin – und das ist völlig normal – rutscht man häufig ab in die »Unachtsamkeit«, in den Default Mode, also das innere Geschichtenerzählen. Und klettert dann mühsam wieder zurück auf den schmalen Pfad der Achtsamkeit und Präsenz. Mit zunehmender Integration von Achtsamkeitsübungen in das eigene Leben gelingt es zum einen immer besser, auf diesem Pfad zu bleiben, und zum anderen wird es auch leichter, wieder hochzuklettern, wenn man abgerutscht ist. Die Hardware im Gehirn hat sich entsprechend verändert.

Regelmäßiges individuelles Achtsamkeitstraining kann nicht nur die Aufmerksamkeit verbessern, es kann auch Stress reduzieren. Für unseren Weggefährten Jon Kabat-Zinn ist dies schon vor mehr als 40 Jahren das übergeordnete Thema seines weltweit bekannten und etablierten Programms Mindfulness-Based Stress Reduction (MBSR) gewesen. Studien zur Wirkung von MBSR im klinischen Kontext legen nahe, dass Stressreduktion die Akzeptanz von Krankheiten und unter Umständen damit verbundene Heilungsprozesse unterstützt. Bei Menschen, die regelmäßig individuelle Achtsamkeitsübungen praktizieren, hat sich gezeigt, dass die Aktivität von bestimmten Genen, die an Entzündungsprozessen beteiligt sind, heruntergefahren wird, dass Enzymaktivitäten, die die Zellalterung verlangsamen, ansteigen oder dass das Level des Stresshormons Cortisol im Blut sinkt.

Die Studien, die wir an der Ernst-Abbe-Hochschule Jena zu dem von uns entwickelten Achtsamkeitstraining für Studierende (MBST) durchgeführt haben, zeigen, dass bereits nach acht Wochen des zwölfwöchigen Trainingsprogramms positive Veränderungen in der Regulation des Blutdrucks auftreten. Diese gesundheitsförderlichen Wirkungen auf die Gefäßfunktion halten auch ein Jahr nach Ende des MBST-Kurses an, wenn die Übungspraxis regelmäßig fortgesetzt wird. Mit Hilfe von standardisierten Fragebögen ließ sich darüber hinaus feststellen: Das Achtsamkeitslevel steigt, die subjektive Stressbelastung und die zwanghafte bzw. gesundheitsgefährdende Internetnutzung nehmen ab.

Wie Du weißt, braucht es für die volle Wirkungskraft unseres Schlüsselbundes nicht nur die individuellen Übungen, sondern auch die beiden anderen Übungssorten. Jetzt möchten wir Dir zeigen, wie der soziale Schlüssel wirkt.

## DER SOZIALE SCHLÜSSEL

*»Grundsätzlich halte ich mich für empathisch und feinfühlig, auch schon vor meiner regelmäßigen Achtsamkeitspraxis. Wenn ich mich mit meinen Mitmenschen austausche, nehme ich sehr schnell Stimmungen und Gefühle wahr, lese zwischen den Zeilen und kann, wenn ich den Bedarf spüre, ziemlich lange intensiv zuhören.*

*Deswegen praktiziere ich auch so gerne die Dyade oder den Social Body Scan – und stelle seitdem etwas Neues fest: Mein Fokus hat sich stärker auf die nonverbalen Signale meines Gegenübers verlagert. Mir fallen jetzt mehr kleine Details auf – in der Mimik, in der Gestik oder auch in der Stimme meines Gesprächspartners.*

*Wenn beispielsweise eine Person irgendwo auf mich wartet, nehme ich ihre Körperhaltung und das, was sie für mich ausdrückt, schon viel früher und umfassender wahr. Meine Antennen sind sozusagen neu ausgerichtet. Neben dem Lauten und dem Offensichtlichen nehmen sie intensiver das Feine und das Leise auf. Das zwischenmenschliche Miteinander hat so etwas wie eine neue Rahmung – und das bereichert mich jeden Tag.«*

Hubert

Zwar unterscheiden sich Menschen in puncto Empathie und Feinfühligkeit teils enorm, aber das, was Hubert hier persönlich erlebt, spiegelt sich auch in wiederkehrenden Mustern in den Erfahrungsberichten unserer Kursteilnehmenden zur Dyade und zum Social Body Scan wider. Vor allem die Wahrnehmungsebenen Mitgefühl und Handlungskraft, die die gezielte Aufmerksamkeit für das Nonverbale, die Stimmungsqualitäten der Kommunikation und das Achtsamkeitssensorium

in der Herz- und Bauchregion erfordern, sind für die meisten Übungs-Anfänger:innen etwas Neues – etwas, das trainiert werden kann und dann nachhaltig wirkt. Häufig berichtet wird zudem über mehr gespürte Offenheit – sei es gegenüber der Trainingspartnerin bzw. dem Trainingspartner bei der Dyade oder gegenüber den Trainingspartner:innen beim Social Body Scan.

Begünstigt wird all dies durch die gesteigerte Aufmerksamkeit und die flexiblere Stressregulation, die nachgewiesenen Wirkungsfaktoren aus den individuellen

Achtsamkeitsübungen. Kurzum: Nachdem der individuelle Schlüssel die Verbindung zu Dir selbst bzw. zu Deinem Erfahrungsraum weiter geöffnet hat, öffnet der soziale Schlüssel die Verbindung zum gemeinsamen Erfahrungsraum mit anderen noch etwas mehr. Du entwickelst ein bewusstes Gespür für die Gefühle anderer Menschen und Tiere. Und Du bemerkst auch, wie andere auf Deinen Körper wirken und umgekehrt, wie Dein Körper muskulär, zellulär, motorisch auf sie reagiert.

Dass auch physiologisch etwas passiert, wenn regelmäßig soziale Achtsamkeitsübungen praktiziert werden, hat unsere Weggefährtin Tania Singer untersucht. Du hast sie bereits in Übung 9 zur Dyade kennengelernt. Das von Tania geleitete »ReSource Projekt« (2013 bis 2016) ist eine der weltweit größten Studien zur wissenschaftlichen Analyse von Achtsamkeitsübungen. Über einen Zeitraum von neun Monaten mit drei je dreimonatigen Trainingsmodulen hatten über 300 Menschen die Aufgabe, täglich mindestens 30 Minuten zu praktizieren: während des Moduls »Präsenz« eine Atemraumübung und einen Body Scan, während des Moduls »Perspektive« eine Meditation zur Beobachtung der eigenen Gedanken sowie eine Dyade zur Perspektivübernahme, während des Moduls »Affekt« eine Freundlichkeits-Meditation sowie eine Dyade zum Mitgefühl. Die Gesprächspartner:innen bei den Dyaden wechselten dabei in regelmäßigen Abständen.

Bei allen Trainierenden wurden während der Studie über 90 verschiedene Messwerte erhoben – von Hormonwerten über Hirnscans bis hin zu Verhaltenstests und qualitativen Interviews. Das alles zusammen ergibt eine riesige Datenmenge, deren Auswertung auch wichtige Hinweise auf die Effekte von Dyadentrainings gibt.

Ein für unseren Schlüsselbund der Achtsamkeiten besonders bedeutendes, messbares Ergebnis ist: Regelmäßige, strukturierte Dyaden in der Form, wie Tania und ihr Team sie durchführen, reduzieren den sozialen Stress. So war nach der Durchführung von sozialen Stresstests jeweils am Ende der drei Module die Ausschüttung des Stresshormons Cortisol nur nach den Modulen mit den Dyadentrainings reduziert, nicht aber nach dem Modul »Präsenz« mit den ausschließlich individuellen Übungen. Tania und ihre Kolleg:innen vermuten, dass die Teilnehmenden »immuner« gegen sozialen Stress wurden, weil sie sich in den Dyaden regelmäßig offenbarten – und somit die Angst vor Beurteilungen durch andere abbauten.

Ein neueres Forschungsprojekt von Tania befindet sich noch in der Auswertung. Im Rahmen der Online-Studie »CovSocial« wurde in den Jahren 2020/2021 untersucht, wie sich die Berliner Bevölkerung während der Corona-Pandemie gefühlt und verhalten hat. In diesem Rahmen haben die Teilnehmenden unter anderem entweder ein 10-wöchiges individuelles Achtsamkeitsprogramm oder ein 10-wöchiges Dyadenprogramm durchlaufen. Erste Ergebnisse deuten darauf hin, dass insbesondere die an den Dyaden Teilnehmenden weniger Einsamkeit gefühlt und mehr soziale Verbundenheit empfunden haben.

Im Anschluss an CovSocial startet Tania mit einem neuen Forschungsprojekt: EduSocial weitet die Dyaden-Forschung auf Berufsfelder im Bildungswesen und in der Medizin aus – Bereiche, in denen Resilienz und soziale Fähigkeiten besonders wichtig sind.

Die regelmäßige Praxis von sozialen Achtsamkeitsübungen bringt also noch zusätzliche Effekte zu den individuellen Übungen. Wenn Du geübter darin bist, Dich im Umgang mit anderen Menschen kognitiv, emotional und körperlich zu reflektieren, dann tut das nicht nur Deinem Gegenüber, sondern auch Dir selbst gut. So entsteht eine neue Tiefe der Verbundenheit mit Dir selbst und mit anderen – ein Erfahrungsraum, den Du mit dem sozialen Schlüssel weiter öffnest.

Gemeinsam entfalten der individuelle und der soziale Achtsamkeitsschlüssel mehr Wirkungskraft als jeder der beiden Schlüssel für sich allein. Und was passiert, wenn Du den ökosystemischen Schlüssel hinzunimmst?

## DER ÖKOSYSTEMISCHE SCHLÜSSEL

*»In den letzten 30 Jahren habe ich als Hochschullehrer unterschiedliche Universitäten in Deutschland, Dänemark und den USA von innen kennengelernt. Die Institute und Fakultäten, an denen ich gelehrt und geforscht habe, hatten jeweils ihre spezifischen Eigenheiten und Charakterzüge. Dazu gehören neben den öffentlichkeitswirksamen Stärken immer auch die inneren Machtkämpfe,*

*Konflikte, Blockaden, blinden Flecken und institutionellen Sprachlosigkeiten. Leider gehört es nicht zur Kultur der meisten Hochschulen, den Blick auch mal nach innen zu richten und an sich selbst als Institution, die aus Menschen besteht, zu arbeiten. Die ökosystemischen Achtsamkeitsübungen waren für mich in diesem Zusammenhang in den letzten Jahren von großem Wert.*

*So habe ich das Beziehungsgefüge der Hochschule, an der ich nun seit mehr als 10 Jahren tätig bin, zusammen mit meinen Studierenden in einem Eco Body Scan aufgestellt. Wir haben dabei den Eco Body Scan (Variante 2) genutzt, bei dem die Stakeholder der Hochschule (Leitung, Studierende, Lehrende, Mitarbeitende usw.) zusammen mit dem Planeten Erde, dem Zukunftspotenzial der Hochschule sowie den Personen ohne Hochschulzugang durch reale Menschen in einem realen Seminarraum dargestellt werden.*

*Durch den dynamischen Übergang von einer Gegenwarts-Skulptur 1, die von Blockaden und Kommunikationsdefiziten geprägt war, hin zu einer weniger defizitären Zukunfts-Skulptur 2 hat sich mein Verhältnis zu meinem Arbeitsplatz verändert. Ich konnte spüren und erfahren, dass es im Inneren der Ernst-Abbe-Hochschule Jena an vielen Stellen Veränderungskräfte und Menschen gibt, die ich vorher so nicht wahrgenommen und angesprochen hatte. Das war für mich sehr beeindruckend und berührend. Ich habe mich danach anders verhalten und bin anders mit meinem Umfeld umgegangen. Offener, vorurteilsfreier, weniger wertend, spielerischer und freudiger. Und in manchen Hinsichten auch vorsichtiger und weitsichtiger.«* Mike

Auch wenn die Erfahrungsqualität bei einer realen Aufstellung mit Menschen, so wie Mike sie hier skizziert, etwas anders ist als bei einer Aufstellung mit Bastelmaterialien für Dich allein, zeigen sich doch auch Parallelen. In Übung 11 berichten an unseren Kursen Teilnehmende zum Beispiel, dass sie sich durch die Variante 1 des Eco Body Scans ihrer eigenen Position im Leben stärker bewusst werden. Diese Vogelperspektive auf das persönliche Lebensgefüge, unter anderem auch in Bezug auf den Planeten Erde, kann in vielerlei Hinsicht lehrreich bzw. inspirierend sein. Zum Beispiel, wenn dadurch klarer wird, welche Prioritäten Du in Deinem Leben setzt oder wie Du bestimmte Personen oder Dinge betrachtest – oder eben nicht betrachtest bzw. übersiehst. Und wenn Du klarer spüren lernst, wo Du in diesem Gefüge stehst und wer oder was Dich dabei beeinflusst, fällt es Dir leichter zu sehen, welchen persönlichen Weg Du in Richtung Zukunft einschlagen möchtest, und das dann auch zu tun.

Das wird auch wissenschaftlich untersucht. Erinnerst Du Dich noch an unseren Weggefährten Otto Scharmer? Er ist Dir kurz im Einleitungskapitel begegnet, als wir Dir mit Hilfe seiner Kollegin Arawana das Social Presencing Theater vorgestellt haben. Als Ökonom und Transformationsforscher am international renommierten Massachusetts Institute of Technology (MIT) hat Otto die »Theorie U« entwickelt. Darin beschreibt er unter anderem, dass Menschen und Organisationen mit Hilfe von ökosystemischen Achtsamkeitsübungen in Verbindung mit ihrer eigenen inneren Quelle, ihrem Persönlichkeitskern und ihrem wahren Anliegen kommen. Diesen Kontakt zur inneren Quelle und das Erspüren des sich daraus speisenden Zukunftspotenzials bezeichnet er als »Presencing«.

Dieser Schritt ist seiner langjährigen Erfahrung nach die Voraussetzung dafür, dass echte Innovationen entstehen können. Das ist eine andere Art des Lernens, als wie gewöhnlich nur aus den Erfahrungen der Vergangenheit zu lernen. In der heutigen disruptiven Welt, in der sich altes Wissen und frühere Erfahrungen immer weniger auf aktuelle und zukünftige Herausforderungen anwenden lassen, ist das Lernen von der Zukunft her eine zeitgemäße Alternative.

Die ökosystemischen Übungen des Social Presencing Theater haben noch eine weitere wichtige Wirkungsdimension. Sie können erfahrbar machen, dass auch und gerade in Krisen und Herausforderungen eine innere Veränderungskraft steckt. Dadurch, dass – so wie Mike in seiner Erfahrung schildert – zum Beispiel Blockaden und Kommunikationsdefizite einen Raum bekommen dürfen, wahrgenommen und von innen her gespürt werden können. Und aus diesem achtsamen Sein-Lassen der Blockade Raum für etwas Neues, Zukunftsgerichtetes, Transformatives entstehen kann, eine »Skulptur 2«.

Die Quelle der Veränderungskraft ist in unseren Körpern, Beziehungsmustern und Systemen enthalten und muss nicht erst von außen herangetragen werden. Das ist eine grundlegende Einsicht, die Mut und Freude machen kann.

Über globale Plattformen wie die U-School und das U-Lab machen Otto und seine Kolleg:innen eine Vielzahl von ökosystemischen Übungen in Form von Programmen, Kursen und Innovationslaboren zugänglich. Mittlerweile sind es über 200.000 Menschen in Unternehmen und Organisationen auf der ganzen Welt, die bei ihren jeweiligen Transformationsprozessen von Otto und seinen Teams forschend unterstützt werden. Darunter sind globale Unternehmen wie Google, Alibaba, Daimler, Fujitsu oder PriceWaterhouse Coopers, aber auch viele kleine und unbekannte Firmen, Non-Profit-Organisationen und zivilgesellschaftliche Initiativen.

In einem Blogbeitrag im April 2023 berichtete Otto unter anderem über seine lebensverändernden und hoffnungsvollen Erfahrungen bei einem Entwicklungsprogramm der Vereinten Nationen in Lateinamerika. Unter anderem moderierte er dort eine Zusammenkunft von Vertreter:innen des indigenen Volks der Wayuu, kolumbianischen Regierungsmitgliedern und Privatunternehmen. Ziel war es herauszufinden, wie die verschiedenen Interessengruppen gemeinsam eine Zukunft gestalten können, die allen zugutekommt – eine Zukunft, die sozial gerecht und ökologisch sinnvoll ist. Die Hauptveranstaltung wurde dabei auf dem Gebiet der Wayuu durchgeführt. Durch die Macht des Ortes sowie die Absicht der Beteiligten, einander wirklich authentisch wahrzunehmen und eine gemeinsame Zukunft entstehen zu lassen, wurde ein echter Dialog auf Augenhöhe möglich.

Die besondere Kraft des Social Presencing Theater liegt darin, dass dabei auch ganz gezielt Führungskräfte aus Wirtschaft, Politik, Kultur und Bildung in ökosystemischer Achtsamkeit trainiert werden – Menschen also, die Verantwortung für viele andere Menschen haben und diese beeinflussen. Zugleich gilt: Die Übungen kommen an vielen Orten und in unterschiedlichen sozialen Schichten zum Tragen. Gesellschaftliche Transformation kann überall geschehen, wenn die entsprechende Infrastruktur bzw. Raum für mehrdimensionale Achtsamkeiten geschaffen wird.

Als uns Otto im Jahr 2019 in Jena besuchte und unsere Kurse mit damals noch primär individuellen Achtsamkeitsübungen kennenlernte, sagte er in einem Video-Interview für den YouTube-Kanal Achtsame Hochschulen: »Die Kultivierung des Individuums durch individuelle Achtsamkeitsübungen ist die notwendige, aber nicht die hinreichende Bedingung für systemische Transformation. Was noch hinzukommen muss, ist, dass wir die Kraft der Achtsamkeit anwenden auf die Transformation des Gesamtsystems.« Dieses Statement hat uns inspiriert und zur Entstehung des Schlüsselbundes der Achtsamkeiten beigetragen.

In den vergangenen Jahren haben wir unsere Kurse um den sozialen und den ökosystemischen Schlüssel erweitert. Diese Erweiterung hat Jon Kabat-Zinn in seinem Vorwort zu dem von Mike und Reyk herausgegebenen Buch *»Achtsame Hochschulen in der digitalen Gesellschaft«* (2024) als »wesentliches Element für den Aufbau einer lebenswerten Zukunft für die Menschheit« gewürdigt. Im gleichen Buch findet sich auch unsere Definition von Achtsamkeit bzw. des Zusammenspiels der drei Achtsamkeiten. Sie lautet:

> *»Achtsam sein bedeutet: kognitiv, emotional und körperlich spüren,*
> *was an der Zeit ist – und dazu beitragen, dass es geschehen darf.«*

Und genau das braucht es in Krisenzeiten: ein Gespür für die Gegenwart zu entwickeln und wahrnehmen zu können, welche Zukunft geboren und welche Vergangenheit transformiert werden möchte.

Jetzt hast Du erfahren, welche Wirkungskraft der Schlüsselbund der Achtsamkeiten hat. Eine Wirkungskraft, die Dich und Deine Mitmenschen unterstützen kann bei den vielen großen Herausforderungen auf unserem Planeten, jetzt und in Zukunft.

# NACHWORT

## *Aufgeschlossener durchs Leben*

Stell Dir vor, Du wachst morgens auf und Deine erste Tätigkeit ist NICHT der Check Deines Smartphones. Sondern der Check Deines Bewusstseinszustandes und Deines Körpers. Dafür benutzt Du den ersten Schlüssel des Schüsselbundes. Noch im Bett liegend machst Du einen kurzen Body Scan oder eine Atemraumübung und nach dem Aufstehen dann einen Moving Body Scan, ein paar achtsame Bewegungsübungen oder eine kurze Sitz- oder Gehmeditation – je nach Bedürfnis. Aufmerksam baust Du so eine stärkere Verbindung zu Dir und Deiner Umgebung auf und erspürst: Wie geht es mir heute früh? Bin ich schon wirklich wach? Welche Gedanken, Gefühle, Empfindungen und Körperwahrnehmungen sind gerade da? Wie ist das Wetter heute? Welche Schwingung hat der Tag? Beim Duschen nimmst Du wahr, wie das Wasser auf Deine Haut prasselt und an ihr herunterläuft und für das Zähneputzen nimmst Du Dir mindestens 3 Minuten und bist ganz bei der Sache. Ebenso beim Frühstück.

Danach fragst Du Deine Partnerin oder Deinen Partner (oder eine andere Person): Was bewegt Dich gerade in diesem Moment? – und nutzt dann den zweiten Schlüssel. Du hörst WIRKLICH zu! Deine aufgeschlagene Tageszeitung oder Dein Smartphone, das mit einigen ungelesenen Nachrichten wartet, legst Du zur Seite und schaust Dein Gegenüber aufmerksam und offen an. Für das, was gesagt wird und wie es gesagt wird, öffnest Du Dich, so gut Du kannst, dabei unterbrichst Du nicht und kommentierst auch nicht.

Schon nach kurzer Zeit spürst Du einen Effekt. Die Gesichtszüge und der Blick Deines Gegenübers entspannen sich, die Stimme wird ruhiger. Ein paar Minuten später erzählst Du, was Dich gerade in diesem Moment bewegt, und Du bekommst ebenso eine bewertungsfreie Aufmerksamkeit entgegengebracht. Diese paar Minuten geben Eurer Beziehung eine Tiefe und Nähe, die Euch beide motiviert und offen in den Tag gehen lässt.

Der Vormittag am Arbeitsplatz verläuft ruhig. Gegen 11 Uhr bemerkst Du, dass Deine Freude an der Arbeit spürbar nachlässt. Da keine anderen Termine anstehen, nimmst Du Dir spontan eine Pause und buchst über das Intranet einen der Meditationsräume im Haus, die Dein Arbeitgeber kostenlos zur Verfügung stellt. Hier finden auch regelmäßig Treffen und Kurse statt, bei denen Interessierte gemeinsam meditieren oder zum Beispiel einen Social Body Scan durchführen. Die nächsten 15 Minuten möchtest Du ganz für Dich allein haben. An dem kleinen Ort der Stille, der mit Sitzkissen, Yogamatten und Decken ausgestattet ist, gönnst Du Dir eine Sitzmeditation oder einen Body Scan. Wieder zurück am Arbeitsplatz bist Du mit Freude bei der Sache.

Am Nachmittag gibt es Unstimmigkeiten in Deinem 15-köpfigen Team darüber, wie Euer Projektziel am besten erreicht werden kann. Die Stimmung wird schlechter, Ihr dreht Euch bei der Diskussion im Kreis. Dein Chef schlägt schließlich vor, im Konferenzraum, angeleitet durch eine Trainerin, gemeinsam einen Eco Body Scan zu machen. Deine Kolleginnen und Kollegen sind einverstanden. Nach der Durchführung des Eco Body Scans habt Ihr gemeinsam das Projektziel neu definiert. Du bist froh, dass es diese Trainerin an Deinem Arbeitsplatz gibt. Sie gehört zum Climate-Change-Team des Unternehmens, in das Du erst vor kurzem gewechselt bist. Eben weil dort nicht nur über den Klimawandel geredet wird, sondern das Management gezielt auf Klimaneutralität hinarbeitet und dafür auch investiert.

Nach der Arbeit möchtest Du Dich noch etwas bewegen, am liebsten in der Natur. Du fährst mit Deinem Fahrrad in den nahegelegenen Stadtwald und machst dort einen ausgedehnten Spaziergang. Einen Spaziergang, den Du zunächst zum achtsamen Gehen nutzt. Bewusst verlagerst Du langsam Dein Gewicht abwechselnd auf den jeweiligen Fuß, hältst zwischendurch auch einmal inne und bleibst stehen. Du spürst, wie weich der Waldboden ist im Vergleich zu den Bodenbelägen, die Du ansonsten heute unter Deinen Fußsohlen hattest.

An einer Lichtung, auf der ein großer Baum steht, entscheidest Du Dich spontan für ein kurzes Eco Sense Lab, einen weiteren Schlüssel. Du betrachtest die Rinde des Baumes mit ihren vielfältigen Maserungen. Den Geruch von frischem, nassem Laub nimmst Du noch markanter wahr als vorher. Du hörst ganz klar die verschiedenen Vogelstimmen um Dich herum, es klingt fast wie ein kleines Konzert. Schließlich lehnst Du Dich stehend mit dem Rücken an den Stamm dieses Baumes, schließt die Augen und verweilst so für einige Minuten. Die Augen wieder geöffnet, spürst Du die Verbundenheit zur Natur um Dich herum mit allen Sinnen. Und nimmst zugleich wahr, dass dieser große Baum eine kahle Krone hat, wie auch einige andere Bäume im Umfeld – und das im Frühsommer.

Wieder zurück daheim siehst Du um 20 Uhr, wie fast jeden Abend, die Tagesschau. Nach der Begrüßung leitet die Sprecherin zunächst eine 1-minütige Atemraumübung für die Zuschauenden an, die Du heute gerne mitmachst. Um dann konzentrierter den nächsten 15 Minuten zum Weltgeschehen zu folgen. Die Themenauswahl ist ausgewogen, und es kommen pro Thema Personen mit verschiedenen Ansichten und Gefühlen zu Wort.
Voll von den ganzen Eindrücken liegst Du am Abend im Bett und lässt den Tag noch einmal kurz Revue passieren: Was war schwierig? Was hast Du Neues gelernt? Wofür bist Du dankbar in Deinem Leben? Bei all dem Auf und Ab fühlst Du Dich dennoch verbunden mit Dir selbst und mit den Menschen in Deinem Umfeld – Du bist nicht allein.

Der Mond, der durch das Fenster scheint, zieht Deine Aufmerksamkeit auf sich. Du betrachtest ihn mit Neugier, in all seinen Schattierungen, und stellst Dir vor, wie Du dort oben bist und Dich mit Blick auf den Planeten Erde fragst: Was wäre, wenn immer mehr Menschen den Schlüsselbund der Achtsamkeiten anwenden? Wie könnte das Leben dann aussehen?

## MEINE ZUKUNFT MIT DEN DREI ACHTSAMKEITEN

# DANKSAGUNG

Ein spannender Weg hat uns drei zu diesem Buch geführt. Ein Weg, auf dem viele Weggefährt:innen uns begleitet, unterstützt und inspiriert haben. Dank gebührt zuerst unseren Familien, die uns stets Motivation, Rückhalt und Anker waren. Bedanken möchten wir uns bei Thomas Corrinth, für sein Gespür, seine sprachliche Gewandtheit, seine Freundschaft. Ein großes Dankeschön an unsere Freundin Maria Kluge, die sich mit ganzem Herzen einer achtsamen Bildung widmet und uns tatkräftig unterstützt. Bedanken möchten wir uns bei Julia Vanessa Maier für das phantasievolle Illustrieren und bei Denisa Sandbothe für die künstlerische Leitung. Ein Dankeschön an unsere Verlegerin Annika Huck und an ihren Projektleiter Klaus Altepost, die beide von Anfang an hinter dem Buchprojekt standen und es mit viel Herzblut betreut haben. Besonderer Dank gilt den Teilnehmenden unserer Kurse. Mit ihnen Achtsamkeiten zu erkunden und Begeisterung und Erfahrung zu teilen, war für uns nicht nur wegweisend, sondern Motivationsquelle und Geschenk zugleich.

***Mike, Reyk und Hubert***

# LITERATURTIPPS


Daniel Goleman; Richard Davidson: *Altered Traits – Science reveals how Meditation changes your mind, brain, and body*. Penguin Random House 2017

Thich Nhat Hanh: *Zen und die Kunst, die Welt zu retten – Heilung und Harmonie für uns selbst und die Erde*. Lotos Verlag 2022

Arawana Hayashi: *Social Presencing Theater – The Art of making a true move*. Presencing Institute Press 2021

Amishi P. Jha: *Peak Mind – In nur zwölf Minuten am Tag zu mehr Konzentration und Aufmerksamkeit*. Redline Verlag 2022

Jon Kabat-Zinn: *Das heilende Potenzial der Achtsamkeit – Eine neue Art, zu sein*. Arbor Verlag 2020

Jon Kabat-Zinn: *Wach werden und unser Leben wirklich leben – Wie wir Achtsamkeit im Alltag praktizieren*. Arbor Verlag 2019

Maria Kluge: *The Toolbox is You*. Eigenverlag 2016
Kostenlos erhältlich unter: www.thetoolboxisyou.com

Niko Kohls: *Mehr Lebensfreude durch Achtsamkeit und Resilienz – Gelassener und stärker durch die richtige Balance.* Südwest Verlag 2022

Gregory Kramer: *Einsichts-Dialog – Weisheit und Mitgefühl durch Meditation im Dialog.* Arbor Verlag 2009

Matthieu Ricard; Tania Singer; Kate Karius: *Die Macht der Fürsorge – Für eine gemeinsame Zukunft. Wissenschaft und Buddhismus im Dialog mit dem Dalai Lama.* Knaur MensSana TB 2019

Mike Sandbothe; Reyk Albrecht (Hrsg.): *Achtsame Hochschulen in der digitalen Gesellschaft.* transcript Verlag 2024

Claus Otto Scharmer: *Essentials der Theorie U – Grundprinzipien und Anwendungen.* Carl Auer Verlag 2019

Mark William; John Teasdale; Zindel Segal; Jon Kabat-Zinn: *Der achtsame Weg durch die Depression.* Arbor Verlag 2009

# AUTOREN

© Nicole Nerger

Mike Sandbothe, Reyk Albrecht und Hubert Ostermaier (v.l.n.r.)

***Mike Sandbothe*** ist Professor für Kultur und Medien an der Ernst-Abbe-Hochschule Jena. Der zertifizierte Lehrer für Mindfulness-Based Stress Reduction (MBSR) hat die Kooperationsplattform Achtsame Hochschulen gegründet und ist Geschäftsführer sowie Ausbildungsleiter von Achtsam.Digital.

***Reyk Albrecht*** ist wissenschaftlicher Geschäftsführer des Ethikzentrums der Friedrich-Schiller-Universität Jena. Der zertifizierte Lehrer für Mindfulness-Based Stress Reduction (MBSR) und das Training Achtsamkeit am Arbeitsplatz (TAA) hat die Kooperationsplattform Achtsame Hochschulen gegründet und ist Geschäftsführer sowie Ausbildungsleiter von Achtsam.Digital.

***Hubert Ostermaier*** ist Professor für Unternehmensführung an der Ernst-Abbe-Hochschule Jena. Der zertifizierte Lehrer für Mindfulness-Based Stress Reduction (MBSR) und Achtsam.Digital Trainer:innen-Ausbilder lehrt und forscht zu Mindful Leadership und ist an seiner Hochschule Ansprechpartner der überregionalen Kooperationsplattform Achtsame Hochschulen.

# MITWIRKENDE

***Thomas Corrinth*** ist Kommunikationswissenschaftler, Diplom-Journalist und Chefredakteur des regionalen Wirtschaftsmagazins VIVID. Er forscht im Bereich Achtsamer Journalismus und ist zertifizierter Achtsam.Digital-Trainer.

***Maria Kluge*** ist eine der ersten von Jon Kabat-Zinn in den USA ausgebildeten Achtsamkeitslehrer:innen. Sie ist Buchautorin und Körpertherapeutin, Gründerin und Vorsitzende des Vereins für Achtsamkeit in Osterloh und unterstützt Achtsamkeitsprojekte unter anderem an Schulen und Hochschulen.

***Julia Vanessa Maier*** ist freiberufliche Designerin und Illustratorin. Mit einem Bachelor in klassischem Mediendesign und einem Master in Eco-Social Design vereint sie visuelle Kommunikation mit sozialer und ökologischer Nachhaltigkeit.

***Denisa Sandbothe*** ist Heilpraktikerin für Psychotherapie. Die zertifizierte Lehrerin für Mindfulness-Based Stress Reduction (MBSR) ist Trainer:innen-Ausbilderin, Creative Director und Referentin der Geschäftsführung von Achtsam.Digital.